MARIA & FATIMA IM LICHT DER BARMHERZIGKEIT GOTTES

100 Jahre Fatima

Die größten Sünder
haben ein Recht auf
die Barmherzigkeit
Gottes

Ein großes Zeichen
am Himmel
Planeten-
konstellationen

Anna Roth

MARIA & FATIMA IM LICHT DER BARMHERZIGKEIT GOTTES

100 Jahre Fatima

Die größten Sünder haben ein Recht auf die Barmherzigkeit Gottes

Ein großes Zeichen am Himmel Planeten- Konstellationen

Anna Roth

Impressum

© 2017 Anna Roth
www.autorin@anna-roth.com
autorin@anna-roth.com

Korrektorat:
Marianne Glaßer / Helga Loser-Camman /Anna Roth
Umschlaggestaltung-Bucherstellung: Sabine Abels

Bibliographische Information
der Deutschen Nationalbibliothek
Die Deutsche Nationalbibliothek verzeichnet diese
Publikation in der Deutschen Nationalbibliographie;
detaillierte bibliographische Daten sind im Internet über
http://dnb.ddb.de abrufbar.

Druck: AMAZON Media EU S.à r.l.,
5 Rue Plaetis, L-2338 Luxembourg

Inhalt

GOTT ist die LIEBE

0.1   Vorwort

In diesem vorliegenden Werk sind u.a. auch die zehn Vorträge, die ich im katholischen Fernsehen K-TV gehalten habe, inhaltlich integriert. Sie wurden unter der Reihe „Fatima aktuell – Fatima christologisch betrachtet" und „Fatima und die Barmherzigkeit Gottes" in den Jahren 2009, 2010, 2013 und 2015 gesendet. Der gesamte Inhalt dieses Buches wurde noch einmal sehr gründlich überarbeitet und ergänzt.

Um was geht es? Es geht in diesem Buch darum, die Aktualität der Botschaft von Fatima und ihren christlichen Charakter darzustellen. Und es geht darum, plausibel zu machen, dass Fatima nicht vorbei ist, sondern *jetzt* stattfindet. Was heißt das?
Das heißt konkret: Gott braucht uns *jetzt* – nicht morgen – nicht gestern – nein, *heute*.

Und weiter geht es auch darum, die Aktualität der Botschaft von Fatima mit der Barmherzigkeit Gottes zu verknüpfen. Gott ist die Barmherzigkeit. Er misst nicht mit menschlichem Maß. Wir können und müssen Hoffnung haben auf den uns verzeihenden, auf den uns liebenden Gott. Es geht also konkret darum, die Fatima-Botschaften einzig im Lichte der Barmherzigkeit Gottes zu betrachten.

Denn Er geht uns nach wie dem verlorenen Schaf, um uns wieder in seine Herde einzugliedern.
Es geht also um die sechs Botschaften, die die Gottesmutter Maria im Jahre 1917 vom 13. Mai bis 13. Oktober

in Fatima/Portugal an die drei Kinder Lucia, Jacinta und Francisco gegeben hat.

Auch das Gebet des Engels nimmt einen wichtigen Platz ein, denn die Erscheinungen des Engels gehen den Botschaften in Fatima voraus. Fatima an sich beginnt schon mit den Engelerscheinungen etwa im Frühjahr 1916. Die Botschaft von Fatima erscheint in einem neuen Licht. Sie trägt ein neues Gewand, das Gewand der Barmherzigkeit Gottes.

Fatima bedeutet jetzt:
Hoffnung auf Rettung/Stellvertretung für das Du.
Es handelt sich hier um eine Privatoffenbarung, die am 13. Oktober 1930 von der katholischen Kirche anerkannt, d. h. kirchlich approbiert wurde.

Grundsätzlich unterscheiden wir zwischen der öffentlichen Offenbarung und der Privatoffenbarung. Bei der öffentlichen Offenbarung ist das Offenbarungshandeln Gottes gemeint, das schriftlich im Alten und Neuen Testament der Bibel festgehalten ist. Diese öffentliche Offenbarung ist abgeschlossen.
Aber: „Obwohl die Offenbarung abgeschlossen ist, ist ihr Inhalt nicht vollständig ausgeschöpft; es bleibt Sache des christlichen Glaubens, im Laufe der Jahrhunderte nach und nach ihre ganze Tragweite zu erfassen"[1].

---

[1] KKK, München 2005, 66

0.2 Privatoffenbarung

Bei der Privatoffenbarung ist es so, dass sie von der Kirche erst anerkannt, d. h. approbiert werden muss.

Die Privatoffenbarung sollte drei Elemente umfassen:
Erstens: Sie enthält nichts, was dem Glauben und den guten Sitten entgegensteht.
Zweitens: Es ist erlaubt, sie zu veröffentlichen.
Drittens: Die Gläubigen sind autorisiert, ihr in kluger Weise ihre Zustimmung zu schenken.

Papst Benedikt XVI. äußert sich zu dieser Thematik wie folgt:
„Die Tatsache, dass mit Christus und mit seiner Bezeugung in den Büchern des Neuen Testamentes die allen Völkern zugedachte Offenbarung Gottes abgeschlossen ist, bindet die Kirche an das einmalige Ereignis der heiligen Geschichte und an das biblische Wort, das dieses Ereignis verbürgt und auslegt, sie bedeutet aber nicht, dass die Kirche nur auf die Vergangenheit schauen könnte und so zu einer unfruchtbaren Wiederholung verurteilt wäre"[2].

---

[2] Joseph Ratzinger/Benedikt XVI., Die Botschaft von Fatima, in: Verlautbarungen des Apostolischen Stuhls 2000, Nr. 147, 34

0.3   Einführung

Was beinhaltet Fatima? Ist die Botschaft von Fatima denn heute noch aktuell? Schließlich sind inzwischen 100 Jahre vergangen. Und ist Fatima nicht eine Drohbotschaft mit einer Höllenvision? Schon allein deshalb kann die Botschaft von Fatima doch nichts mit der Barmherzigkeit Gottes zu tun haben – oder?

Großes hat Maria damals den drei Kindern zugemutet. Sie hat von den Kindern, vor allem von Lucia, sehr viel abverlangt. Musste das sein? Ist Fatima mit dem Tod von Sr. Lucia, die die beiden anderen Kinder um viele Jahre überlebte, abgeschlossen? Oder sind wir alle bis zur Wiederkunft Christi in diesen Fatima-Auftrag mit hineingenommen? Tragen auch wir Verantwortung für die Sünder und sind auch wir aufgerufen, für die Bekehrung der Sünder zu beten und Opfer zu bringen? Wie haben wir uns die Barmherzigkeit Gottes zu denken, wenn es doch andererseits die Hölle gibt?

Mit diesen und noch anderen brisanten Fragen wollen wir uns in diesem Buch auseinandersetzen und über die Willensfreiheit des Menschen nachdenken, uns näher mit der Geistseele befassen und vor allem das letzte Ziel nicht aus dem Blick verlieren, die Herrlichkeit des Herrn.

Dort wollen wir doch alle einmal ankommen. Dafür wollen wir uns anstrengen und vor allem wollen wir dafür Sorge tragen, dass nicht nur wir selbst dieses Ziel erreichen, sondern auch alle, die Gott uns anvertraut hat, und darüber hinaus auch alle, die nicht auf dem Weg zu Gott sind, mit in unsere Gebete einschließen und auch für sie in Liebe und aus Liebe zum Herrn Opfer bringen, damit sich auch für sie einst der Himmel öffnet.

Anna Roth
Königswinter, 13. Juli 2017

1. Maria & Fatima – Reflektion 1

Die aktuelle neue christologische Sicht

Ist Fatima heute noch aktuell? Hat uns die Botschaft von Fatima heute noch etwas zu sagen? Zunächst wollen wir kurz zwei wichtige Fakten festhalten:

Am 13. Mai 1917 erscheint die Muttergottes zum ersten Mal in Fatima in Portugal 3 Kindern, Lucia, Jacinta und Francisco. Die Kinder sind noch sehr jung. Lucia ist 10 Jahre, ihre Cousine Jacinta 7 Jahre und ihr Cousin Francisco 9 Jahre alt. Parallel dazu wird in Russland unter Lenin die Revolution vorbereitet. Am 13. Oktober 1917 geschieht das große Sonnenwunder in Fatima.

Was heißt das? Die Antwort lautet: „Gott greift ein." Gott setzt einen Gegenpol. Gott ist lebendig. Er sendet Maria. Maria, die Botin Gottes, erscheint in Fatima. Gott greift ein – Er lässt die Menschen nicht allein. Er greift ein gegen den Atheismus, gegen den Materialismus, gegen die antichristlichen Strömungen.

1.1 Die Engelerscheinungen

Begebenheiten im Vorfeld

Die Erscheinungen der Muttergottes in Fatima werden sorgfältig vorbereitet, d. h. die Fatima-Ereignisse beginnen schon vor den Erscheinungen Marias und vor den Erscheinungen des Engels, nämlich bereits zwischen April und Oktober des Jahres 1915.

Schwester Lucia bemerkt über den Bäumen im Tal zu ihren Füßen etwas wie eine Wolke, weißer als Schnee, durchsichtig und von menschlicher Gestalt.

Die tatsächliche erste Erscheinung des Engels findet später statt; nach der Erinnerung von Schwester Lucia etwa im Frühjahr 1916. Die genauen Daten kann Schwester Lucia nicht sicher sagen, weil sie zu jener Zeit weder die Jahre noch die Monate noch die Wochentage zählen konnte.

Die zweite Erscheinung des Engels erfolgte etwa im Hochsommer 1916. Lucia erinnert sich, dass es sehr heiß war.

Die dritte Erscheinung des Engels erfolgte gegen Ende September oder Anfang Oktober 1916.

Schon bei der ersten Erscheinung sagt der Engel über sich, dass er der Engel des Friedens ist, dass er der Engel Portugals ist.

Lucia berichtet über die Erscheinung des Engels, dass sie und ihre beiden Begleiter Jacinta und Francisco, nachdem sie zu Mittag gegessen und gebetet hatten, in einiger Entfernung über den Bäumen gegen Osten ein Licht erblickten, weißer als der Schnee, in der Form eines durchsichtigen Jünglings, strahlender als ein Kristall im Sonnenlicht. Je näher er kam, umso besser konnten sie seine Gesichtszüge erkennen.

Schwester Lucia: „Er sagte, wir sollen keine Angst haben. Dann kniete er sich auf die Erde und beugte seine Stirn bis zum Boden. Wir taten es ihm gleich. Wir spürten in uns einen übernatürlichen Zwang und wurden so veranlasst, wie der Engel uns auf die Erde zu knien und unsere Stirn bis zum Boden zu beugen. Dabei wiederholten wir die Worte, die der Engel sagte."

1.2   Das Gebet des Engels

Teil 1

„Mein Gott,
ich glaube an Dich,
ich bete Dich an,
ich hoffe auf Dich
und ich liebe Dich.

Ich bitte Dich um Verzeihung für jene,
die an Dich nicht glauben,
Dich nicht anbeten,
auf Dich nicht hoffen
und Dich nicht lieben.

Teil 2

Heiligste Dreifaltigkeit, Vater, Sohn und Heiliger Geist,
in tiefer Ehrfurcht bete ich Dich an
und opfere Dir auf
den kostbaren Leib und das Blut,
die Seele und die Gottheit Jesu Christi,
gegenwärtig in allen Tabernakeln der Erde,
zur Wiedergutmachung für alle
Schmähungen, Sakrilegien und Gleichgültigkeiten,
durch die Er selbst beleidigt wird.
Durch die unendlichen Verdienste Seines Heiligsten Herzens und
des Unbefleckten Herzens Marias bitte ich Dich um die Bekehrung
der armen Sünder" [3].

---

[3] Sr. Lucia spricht über Fatima, 7. Aufl., Fatima 2001, 177

Die Kinder werden aufgefordert, dieses Gebet – zuerst den ersten Teil – dreimal zu beten und dann den zweiten Teil dreimal zu beten.

Den ersten, kürzeren Teil des Gebetes betet der Engel bei der ersten und zweiten Erscheinung. Den zweiten, längeren Teil des Gebetes betet der Engel bei der dritten und letzten Erscheinung.

Bei dieser letzten Erscheinung hält der Engel einen Kelch in der Hand und darüber eine Hostie, aus der Blutstropfen in den Kelch fallen. Er lässt den Kelch und die Hostie in der Luft schweben. Er kniet sich auf die Erde nieder und wiederholt dreimal diesen letzten Teil des Gebetes.

1.3   Analyse des Engelgebetes (Gebetsteil 1)

Das Gebet beginnt mit dem persönlichen Bekenntnis.
Die betende Person wendet sich ganzheitlich zu Gott hin und bekennt:
dass sie an Gott glaubt, dass sie Gott als Gott anbetet, dass sie auf Gott hofft und dass sie Gott liebt.
Hier kommen die drei göttlichen Tugenden:
Glaube – Hoffnung – Liebe voll zum Ausdruck.
Nach diesem gläubigen Gottesbekenntnis wendet sich die betende Person mit einer Bitte an Gott. Sie wendet sich an Gott mit einer Bitte für die anderen Menschen, und zwar stellvertretend für diejenigen:
die an Gott nicht glauben,
die Gott nicht anbeten,
die auf Gott nicht hoffen,
die Gott nicht lieben.

Also wird hier noch einmal sehr bewusst in Stellvertretung gebetet für jene, die – aus welchen Gründen auch immer – Gott fern sind, die Gott nicht als ihren Gott anerkennen wollen.

Diese Sachlage erinnert an das größte Gebot, das Jesus den Pharisäern, die ihn auf die Probe stellen wollten, sagte: „Du sollst deinen Herrn lieben mit deinem ganzen Herzen und deiner ganzen Seele und mit deiner ganzen Vernunft. Das ist das größte und erste Gebot. Das zweite Gebot ist diesem ersten Gebot gleich: Du sollst deinen Nächsten lieben wie dich selbst. An diesen beiden Geboten hängt das Gesetz und die Propheten"[4].

1.4   Die zwei Säulen

Um was geht es? Es geht um die beiden Säulen: die Gottesliebe und die Nächstenliebe. Diese beiden Säulen sind Bestandteil des ersten Teils des Engelgebetes. D. h. der Engel stellt hier schon eine Forderung an die Kinder, er macht deutlich, dass diejenigen, die an Gott glauben, Ihn anbeten, auf Ihn hoffen und Ihn lieben, Mitverantwortung tragen für jene, die diesen Glauben an Gott nicht haben.

Das Gebet macht auch deutlich, dass der Glaube die Basis dafür ist, oder besser ausgedrückt, dass man nur aufgrund des Glaubens fähig ist, Gott anzubeten, auf ihn zu hoffen und ihn zu lieben.

---

[4] Mt 22, 37-39

Weil so viele Menschen diesen Glauben nicht haben, bittet hier der Engel die drei Kinder um Solidarität mit denen, die nicht glauben. Er bittet um Solidarität mit dem anderen, der nicht glaubt. D. h. du und ich und wir alle, die glauben, tragen Verantwortung für denjenigen, der nicht glaubt. Ich muss für ihn beten, ihn mit meinen Gebeten mittragen, damit der andere, der nicht an Gott Glaubenkönnende oder nicht an Gott Glaubenwollende, den ich kenne oder nicht kenne (denn der andere ist jeder), im Letzten doch noch den Weg zum Vater findet. Das bedeutet, dass alle gläubigen Christen dazu aufgerufen sind, jene, die nicht glauben, in ihren Gebeten nicht zu vergessen.

Es fällt auf, dass dieser kurze erste Teil des Engelgebetes schon eine Forderung enthält, die Maria dann bei ihren Erscheinungen in Fatima ebenfalls an die drei Kinder herantragen wird. Darüber werden wir später reden.

1.5   Analyse des Engelgebetes (Gebetsteil 2)

Der zweite, längere Teil des Engelgebetes ist gegliedert in drei Blöcke:

Im ersten Block geht es um die Ehrerweisung.
Im zweiten Block geht es um zwei Themen: Aufopferung und Wiedergutmachung.
Im dritten Block geht es um die Bekehrung.

Es geht zunächst um die Ehrerweisung gegenüber dem dreifaltigen Gott: Gott Vater – Gott Sohn – Gott Heiliger Geist, den wir in tiefer Ehrfurcht anbeten sollen.

Diese Haltung Gott gegenüber ist Voraussetzung, damit überhaupt der zweite große Gesamtteil erfolgen kann, d. h. die Gottes-Ehrfurcht ist die Basis für alle weiteren Schritte.

Im zweiten Block folgen die beiden Themen Aufopferung und Wiedergutmachung. Diese zwei Themenblöcke bedingen sich gegenseitig. Ohne die Aufopferung kann die Wiedergutmachung nicht erfolgen. Und so beginnt der zweite Teil mit dem Gebetstext:
„Und opfere Dir auf
den kostbaren Leib und das Blut,
die Seele und die Gottheit JESU CHRISTI,
gegenwärtig in allen Tabernakeln der Erde."
Dies ist ein Hinweis auf die Hl. Eucharistie und darauf, dass Jesus wirklich im Tabernakel gegenwärtig ist. Und die Aufopferung des Leibes und Blutes Christi soll die Wiedergutmachung der schweren Verfehlungen gegen Gott bewirken. Das bedeutet, dass die Aufopferung des Leibes und Blutes Christi notwendig ist.

Warum? Um den Weg für die Bekehrung der Sünder frei zu machen. Bevor Bekehrung geschehen kann, muss dieser Dreischritt: Ehrerbietung gegenüber Gott – Aufopferung – Wiedergutmachung erfolgen.

Bei diesem Akt ist jeder gläubige Christ gefordert. Er – der glaubt und Gott die Ehre erweist – soll die Aufopferung vollziehen für die, welche Gott beleidigen, Gott gleichgültig gegenüberstehen, wie auch für diejenigen, die Gott gegenüber sakrilegisch handeln, also in tiefer Gottesverachtung verharren und Gott verneinen.

Ich glaube, wir können hier sehr gut nachvollziehen, was für furchtbare Sünden das sind und wie sehr sie Gott beleidigen. Aber gerade für jene Menschen, die Gott so sehr verachten, sind wir verantwortlich.

Sie sollen umkehren – Gott will es; Gott will auch sie retten. Denn: Gott ist die *Liebe*.

Im dritten Block geht es um die Bekehrung der Sünder. Und weil wir allein mit unseren Gebeten diesen letzten Akt, nämlich die Bekehrung der Sünder, nicht bewerkstelligen können, brauchen wir die Hilfe Gottes und die Hilfe Marias. Wir bitten also die beiden Herzen von Jesus und Maria um Hilfe. Diese beiden Herzen, die der Menschheit größte Verdienste erwiesen haben, sie sind unsere Hilfe. So können wir uns mit ihnen in unseren Gebeten vereinigen, um die Bekehrung der Sünder zu erlangen.

Es handelt sich hier um einen Dreierpakt, der geschlossen wird zwischen dem Heiligsten Herzen Jesu, dem Unbefleckten Herzen Marias und uns.

Fazit: Das Gebet des Engels ist ein durch und durch christologisches Gebet. Indem wir es beten, helfen wir mit, Seelen zu retten für Christus.
Maria, die Gottesmutter, steht immer und einzig im Dienst Christi. Sie ist die Mutter aller und sie will alle Seelen für Christus gewinnen; dazu erbittet sie unsere Hilfe.
Und wer von uns könnte sich diesem mütterlichen Hilferuf Marias verweigern?

2. Maria & Fatima – Reflektion 2

Fatima im Licht der Christozentrik

In der zweiten Reflektion werden die ersten beiden Botschaften Marias vom 13. Mai und vom 13. Juni 1917 gründlich analysiert.

2.1 Erste Botschaft Marias vom 13. Mai 1917

Die Worte Marias lauten wie folgt:

„Habt keine Angst! Ich tue euch nichts Böses!
Ich bin vom Himmel! Ich bin gekommen, euch zu bitten,
dass ihr in den folgenden sechs Monaten
jeweils am 13. zur selben Stunde hierher kommt.

Dann werde ich euch sagen,
wer ich bin – und was ich will.
Ich werde danach noch ein siebtes Mal hierher zurückkehren.

Wollt ihr euch Gott anbieten,
um alle Leiden zu ertragen,
die Er euch schicken wird,
zur Sühne für alle Sünden,
durch die Er beleidigt wird,
und als Bitte für die Bekehrung der Sünder" [5] *?*

Die Kinder bejahen es – sie wollen es.

---

[5] Sr. Lucia spricht über Fatima, 7. Aufl., Fatima 2001, 181f

„Ihr werdet also viel leiden müssen, aber die Gnade Gottes wird eure Stärke sein!"*

„Sie öffnete die Hände und übermittelte uns ein so starkes Licht, das wie ein Widerschein von ihren Händen ausging.
Es drang uns in die Brust
und bis in die tiefste Tiefe der Seele –
und wir erkannten uns selber in Gott,
der dieses Licht war, viel klarer,
als wir uns im besten Spiegel sehen konnten.
Durch eine innere Anregung, die uns ebenfalls mitgeteilt wurde, fielen wir nun auf die Knie und wiederholten ganz innerlich: ,O Heiligste Dreifaltigkeit, ich bete Dich an. Mein Gott – mein Gott – ich liebe Dich im heiligsten Sakrament.'

Nach einigen Augenblicken fügte unsere Liebe Frau hinzu:
*,***Betet täglich den Rosenkranz,** um den Frieden der Welt und um das Ende des Krieges zu erlangen'"* [6]!

Nach dieser ersten Botschaft wurde Folgendes klar: Gesprochen hat Maria nur mit Lucia. Lucia hat Maria gesehen, gehört und mit ihr gesprochen. Jacinta hat Maria gesehen und gehört, konnte aber nicht mit ihr sprechen. Francisco hat Maria nur gesehen, aber nicht ihre Worte gehört und konnte auch nicht mit ihr sprechen.

Hier bemerken wir eine Vorrangstellung Lucias. Gott will sich ihrer besonders bedienen.

---

[6] Ebd.

2.2 Textanalyse

In einem ersten Schritt teilt Maria den drei Kindern mit, dass sie sich nicht fürchten müssen, und sie sagt ihnen, woher sie kommt.

In einem zweiten Schritt tritt sie mit einer Bitte – einer Terminbitte – an die Kinder heran. Sie wartet hier aber nicht die Zustimmung der Kinder ab, sondern setzt diese voraus und verspricht ihnen gleichzeitig, sich später konkret über ihre Person und ihr Vorhaben zu äußern. Sie behandelt die Kinder sehr höflich.

In einem dritten Schritt wird Maria sehr konkret und offen. Sie bringt sofort auf den Punkt, um was es ihr geht.
Sie fragt: „Wollt ihr euch Gott anbieten, um alle Leiden zu ertragen, die Er euch schicken wird, zur Sühne für alle Sünden, durch die Er beleidigt wird, und als Bitte für die Bekehrung der Sünder?"
Die Kinder bejahen freudig: „Ja das wollen wir." Maria antwortet: „Ihr werdet also viel leiden müssen, aber die Gnade Gottes wird eure Stärke sein!"

2.3 Die Entscheidungsfrage

Erst in diesem dritten Schritt also stellt Maria die drei Kinder vor die Entscheidungsfrage. Sie zwingt sie nicht. Sie fragt höflich an, ob sie das Gewünschte tun wollen. Die Kinder sind also wie erwachsene Personen in die Entscheidungsfreiheit gestellt.

Der freie Wille wird vollkommen respektiert. Die Muttergottes verschweigt den Kindern nichts. Sie deckt die Karten auf. Sie zeigt ihnen auf, dass sich mit ihrem Ja-Wort, d. h. in seiner Konsequenz, die Öffnung des Leidensweges vollzieht.

2.4   Stellvertretung 1

Um was geht es? Es geht um die Stellvertretung. Die Kinder sollen stellvertretend für die Sünden anderer Menschen die Leiden ertragen, die der Herr ihnen auferlegen wird. Aber Maria tröstet sie, indem sie auf die Gnade Gottes hinweist. Gott wird die Kinder stark machen. Er wird sie in seine Gnade eintauchen. Und zwar im wahrsten Sinne des Wortes, wie wir eben im Text gehört haben: **„Sie öffnete die Hände. Das starke Licht drang uns in die Brust, bis in die tiefste Tiefe der Seele. Wir erkannten uns selber in Gott."**

So können Kinder, die noch nicht einmal lesen können, sich normalerweise nicht ausdrücken. Hier erkennen wir deutlich das große Gnadengeschenk Gottes. Und auch die Motivation bleibt nicht aus. Maria eröffnet den Kindern einen neuen Weg. Dieser Weg ist zwar einerseits ein Leidensweg, andererseits aber auch ein Weg mit der Gnade Gottes. Durch dieses Gnadengeschenk werden die Kinder befähigt, ja zum Leidensweg zu sagen. So dient die Gnade als die Kraftquelle an sich.

Dies erinnert an die Worte des Paulus: „Durch Gottes Gnade bin ich, was ich bin, und seine mir geschenkte Gnade ist nicht unwirksam geblieben"[7].

Die Gnade Gottes wird die Kinder durch ihre Leiden hindurchführen. Und in der Aufforderung zum Rosenkranzgebet, um den Frieden in der Welt und das Ende des Ersten Weltkrieges zu erlangen, wird zugleich die starke Wirkkraft dieses Gebetes bekräftigt.

2.5   Zweite Botschaft Marias vom 13. Juni 1917

Der genaue Text der Botschaft lautet:

„Ich möchte, dass ihr alle Tage den Rosenkranz betet und lesen lernt. Später sage ich euch, was ich möchte."

Schwester Lucia sagt zur Muttergottes: „Ich möchte Sie bitten, uns in den Himmel mitzunehmen."

Maria antwortet:

„Ja! Jacinta und Francisco werde ich bald holen. Du aber bleibst noch einige Zeit hier. Jesus möchte sich deiner bedienen, damit die Menschen mich erkennen und lieben.

Er möchte auf Erden die Verehrung meines Unbefleckten Herzens begründen."

Lucia fragt traurig: „Bleibe ich hier allein?"

Maria antwortet:

„Nein, mein Kind! Leidest du sehr? Lass dich nicht entmutigen. Niemals werde ich dich verlassen, mein Unbeflecktes Herz wird deine Zuflucht sein und der Weg, der dich zu Gott führen wird"[8].

---

[7] 1 Kor 15, 10

[8] Sr. Lucia spricht über Fatima, 7. Aufl., Fatima 2001, 183

„In dem Augenblick, als Maria diese letzten Worte sagte, öffnete sie die Hände und übermittelte uns zum zweiten Mal den Widerschein dieses unermesslichen Lichtes. **Darin sahen wir uns wie in Gott versenkt.“**

Jacinta und Francisco schienen in dem Teil des Lichtes zu stehen, der sich zum Himmel erhob, und Schwester Lucia schien in dem Teil zu stehen, der sich zur Erde ergoss.

„Vor der rechten Handfläche Unserer Lieben Frau befand sich ein Herz, umgeben von Dornen, die es zu durchbohren schienen. Wir verstanden, dass dies das Unbefleckte Herz Marias war, verletzt durch die Sünden der Menschheit, das Sühne wünscht.“

2.6   Textanalyse
Die Botschaft vom 13. Juni 1917 in Fatima

In einem ersten Schritt stellt die Muttergottes zwei Forderungen an die Kinder, und zwar: das Rosenkranz-Gebet und lesen zu lernen. Zuerst geht es um das tägliche Rosenkranz-Gebet. Dieses Rosenkranz-Gebet scheint also eine sehr große Wirkkraft zu haben, denn es fällt auf, dass Maria stets nicht darum bittet, irgendetwas oder irgendein Gebet zu beten, sondern einzig das Rosenkranz-Gebet.

Ich persönlich habe den Eindruck, dass dieser konkrete Gebetswunsch Marias zu wenig Beachtung findet. Es wird zwar viel gebetet, aber der ausdrückliche Wunsch Marias bei sämtlichen Erscheinungen bezieht sich immer auf das Rosenkranz-Gebet.

In dieser Fatima-Botschaft ist das Rosenkranzgebet gefragt, gefordert, gewollt, gewünscht.

2.7   Johannes Paul II. und der Rosenkranz

Johannes Paul II. verweist in einem Apostolischen Schreiben „Der Rosenkranz der Jungfrau Maria" vom 16. Oktober 2002 auf die Wichtigkeit des betrachtenden Betens. Er ordnet das Rosenkranz-Gebet den kontemplativen Gebeten zu.

Es geht darum, beim Rosenkranz-Beten gleichsam Christus zu betrachten; seinen Lebensweg, den Er – als das Mensch gewordene Wort – hier auf Erden gegangen ist. Wir sollen seinen Lebensweg geistig und im Herzen schauend mitgehen. Denn wenn wir beten, sollen wir nicht plappern.

Dabei dienen die zehn Wiederholungen des Ave Maria der vertiefenden Schau und dem Stillwerden – dem Hinhorchen auf das Wort, so dass gleichsam der Blick frei wird für das große Wunder des damaligen Geschehens.

Johannes Paul II. bezeichnet Maria als „Vorbild der Kontemplation"[9]. Von ihr können wir lernen, das Antlitz Jesu zu betrachten, vor allem, gleichsam von innen her, mit den Augen unseres Herzens Ihn zu schauen. „Denn niemand hat sich mehr als Maria der Betrachtung des Antlitzes Christi mit gleicher Beharrlichkeit hingegeben"[10].

---

[9] Johannes Paul II., Rosarium Virginis Mariae, in: Verlautbarungen des Apostolischen Stuhls 2002, Nr. 156, 12

[10] Vgl. ebd./13: „Maria lebt mit den Augen auf Christus gerichtet (…). Die Erinnerungen an Jesus, die sich ihrer Seele einprägten, haben sie in allen Umständen begleitet (…). Diese Erinnerungen bildeten, in gewisser Weise, den ‚Rosenkranz', den sie selbst unaufhörlich in den Tagen ihres irdischen Lebens wiederholte."

Hier stellt Johannes Paul II. ganz klar die Christozentrik des Rosenkranz-Gebetes heraus, seine Verwobenheit mit Christus. So können wir sagen, dass das Rosenkranz-Gebet ein Mitgehen mit Maria auf dem Weg Jesu ist.

2.8   Betrachtung des Rosenkranzgebetes

Wie aber könnte so eine Betrachtung konkret aussehen? Ein Beispiel: Wenn wir das Gesetz „den du o Jungfrau vom Heiligen Geist empfangen hast" betrachten, dann sehen wir vor unserem geistigen Auge den Engel, der Maria begrüßt als die Begnadete[11]. Wir werden gleichsam hineingenommen in den Dialog zwischen dem Engel Gabriel und Maria. Und wir hören das „fiat" der Jungfrau Maria, das „mir geschehe"[12].
Wir vollziehen diesen großen Augenblick in unserem Herzen mit, den Augenblick, in dem Maria empfängt vom Heiligen Geist.

Und wir erkennen: Damals, als die Jungfrau ihr „fiat" gegeben hat, da ist es geschehen, da hat sich der Himmel mit der Erde verbunden. Da hat Gott seinen Liebesbund von Neuem mit uns geschlossen, denn – der Logos wird Mensch aus einer Frau – aus der Unbefleckten Jungfrau Maria. Er, Christus, zieht das Fleisch Marias an. Er wird gewoben aus ihrem Blut. Er, der Logos, Er, der Kyrios, Er, der Christus, wird einer von uns – in allem uns gleich, außer der Sünde.

---

[11] Vgl. Lk 1, 30
[12] Lk 1, 38

Da beginnt die unüberbietbare Liebesgeschichte zwischen Jesus Christus und uns, zwischen Christus und dir, zwischen Christus und mir. Er, das Fleisch gewordene Wort, will dieses Liebesbündnis auch heute noch und immerfort durch die Zeit mit jedem von uns knüpfen.

Es fällt auch auf, dass Maria wünscht, dass die Kinder lesen lernen. Sie sollen also eine gewisse Grundbildung haben, um sich informieren zu können.

2.9   Der Lucia-Weg

Der Lucia-Weg heißt Alleinsein, ohne Freunde, heißt Einsamkeit. Die besten Freunde, mit denen Lucia die Erscheinungen erlebt hat, werden ihr genommen werden, und zwar bald. Das ist eine Kreuzes-Botschaft. Wir müssen uns Lucia vorstellen. Sie ist ein Kind von zehn Jahren und kann noch nicht lesen. Diese Botschaft, die besten Freunde zu verlieren, hätte auch jeden von uns stark getroffen.

Aber: Was sagt Maria auf die Frage von Lucia: „Bleibe ich hier allein?"? Maria antwortet: „Nein, mein Kind."
Was heißt das? Sie nimmt ihr doch die beiden besten Freunde weg und sagt dennoch nein.
Wie ist das zu verstehen? Jetzt baut Maria Lucia erst einmal auf. „Leidest du sehr?", fragt Maria. „Lass dich nicht entmutigen." Maria motiviert Lucia, sie stärkt sie.

2.10   Das Versprechen

Und jetzt schenkt Maria Lucia ein himmlisches Versprechen: „Niemals werde ich dich verlassen." Maria nimmt
Lucia sozusagen in ihr Herz. Und sie betont:
„Mein Unbeflecktes Herz wird deine Zuflucht sein und
der Weg, der dich zu Gott führen wird."

Was bedeutet das für Lucia?
Es bedeutet, dass Maria selbst ab jetzt den Lebensweg
Lucias übernimmt. Keine Sekunde wird Lucia ohne Maria
sein. Jeden Schritt wird Maria mit Lucia gemeinsam gehen. Maria selbst wird Lucia einst zu Gott führen. Maria
übernimmt die volle Verantwortung für Lucia – für ihr
Leben, für ihr Lebenswerk.
Dies alles geschieht natürlich auf der geistigen Ebene.
Maria wird nicht sichtbar neben Lucia her schreiten. Lucia wird Maria nicht sehen. Trotzdem wird sie ab jetzt in
dem Bewusstsein leben, ich bin zwar allein, wenn die beiden Freunde zu Gott geführt werden. Aber nur scheinbar
bin ich allein. In Wirklichkeit ist Maria immer bei mir.

Lucia wird also tief in den geistigen Weg eingeführt, in
die geistige Zweisamkeit mit Maria – in das „Hineinge-
nommensein" in Maria.
Was heißt das? Konkret heißt das, Lucia kann den Weg
zu Gott nicht verfehlen. Lucia hat von Maria eine ver-
briefte Garantie. Lucia ist das auserwählte Werkzeug Jesu.
Jesus hat mit Lucia einen ganz bestimmten Lebensweg
vor, und damit Lucia diesen Jesus-Weg gehen kann,
schenkt Er ihr das kostbarste Geschenk – nämlich Maria,
seine Mutter.

Was können wir hieraus lernen?

Wenn Gott sich eines Menschen bedient, wenn Er jemanden in seinen Weinberg beruft, dann lässt Er ihn nicht allein, dann stattet Er sein Werkzeug mit überreichlicher Gnade aus.

Denn so schreibt Paulus: „Wir wissen auch, dass mit denen, die Gott lieben, Gott in allem mitwirkt zum Guten, mit denen, die nach seinem Ratschluss berufen sind.

Denn die Er vorher erkannte, hat Er auch vorherbestimmt, dem Bild Seines Sohnes gleichgestaltet zu werden, damit Er der Erstgeborene unter vielen Brüdern sei. Die Er aber vorherbestimmt hat, hat Er auch berufen, die Er aber berufen hat, hat Er auch gerecht gemacht, die Er gerecht gemacht hat, hat Er auch verherrlicht"[13].

Was bedeutet das für uns?

Gott überfordert uns nicht. Er stattet uns aus gemäß den Aufgaben, die Er uns gibt. Gott ist zuverlässig und treu. Was können wir hieraus in Bezug auf Fatima lernen? Fatima heißt, Werkzeug Marias sein. Werkzeug Marias sein heißt, Werkzeug Gottes sein.

Denn Fatima ist Berufung, und wen Gott beruft und wer diese Berufung annimmt, den beschenkt Er mit seinen Gnaden – reichlich im Überfluss, den lässt Er nie allein.

---

[13] Röm 8, 28-30

Francisco starb am 4. April 1919
und Jacinta am 20. Februar 1920.
Beide Kinder wurden von Johannes Paul II.
am 13. Mai 2000 seliggesprochen
und von Papst Franziskus
am 13. Mai 2017 heiliggesprochen.

Sr. Lucia starb am 13. Februar 2005
im Karmel von Coimbra.
Am 19. Februar 2006 wurde sie
in der Basilika Unserer Lieben Frau von Fatima
beigesetzt.
Die Ruhestätten von Jacinta und Sr. Lucia
befinden sich in der linken Seitenkapelle der Basilika
und von Francisco in der rechten.

Im Jahre 2008, am dritten Todestag von Sr. Lucia
erteilte Benedikt XVI. sein Einverständnis für die Einlei-
tung des Seligsprechungsprozesses von Sr. Lucia.

3. Maria & Fatima – Reflektion 3

In dieser dritten Reflektion werden wir uns zunächst mit dem ersten Teil der dritten Botschaft Marias in Fatima vom 13. Juli 1917 näher befassen und dabei intensiv in die Thematik „christliche Liebe" einsteigen.

3.1 Dritte Botschaft Marias vom 13. Juli 1917

Die Worte Marias lauten wie folgt:

„Ich möchte, dass ihr am 13. des kommenden Monats wieder hierher kommt, dass ihr weiterhin jeden Tag den Rosenkranz zu Ehren Unserer Lieben Frau vom Rosenkranz betet, um den Frieden für die Welt und das Ende des Krieges zu erlangen (Erster Weltkrieg), denn nur sie allein kann es erreichen.
Kommt weiterhin jeden Monat hierher!

Im Oktober werde ich euch sagen, wer ich bin und was ich wünsche, und werde ein Wunder tun, damit alle glauben.
Opfert euch auf – für die Sünder – und sagt oft, besonders wenn ihr ein Opfer bringt:

O Jesus, das tue ich aus Liebe zu Dir, für die Bekehrung der Sünder und zur Sühne für die Sünden gegen das Unbefleckte Herz Mariens" [14].

---

[14] Sr. Lucia spricht über Fatima, 7. Aufl., Fatima 2001, 184

3.2 Die Höllenvision

Bei diesen letzten Worten öffnete Maria aufs Neue die Hände wie in den zwei vorherigen Monaten.

„Der Strahl schien die Erde zu durchdringen und wir sahen gleichsam ein Feuermeer …" Hier schildert Lucia die Höllenvision. Und dann berichtet Lucia weiter:

„Danach erhoben wir erschrocken und wie um Hilfe bittend den Blick zu unserer Lieben Frau, die voll Güte und Traurigkeit zu uns sagte:
,Ihr habt die Hölle gesehen, wohin die Seelen der armen Sünder kommen. Um sie zu retten, will Gott die Andacht zu meinem Unbefleckten Herzen in der Welt begründen. Wenn man tut, was ich euch sage, werden viele Seelen gerettet werden und es wird Friede sein. Der Krieg geht seinem Ende entgegen'" [15].

3.3 Die Voraussagen

„Wenn man aber nicht aufhört, Gott zu beleidigen, wird unter dem Pontifikat von Pius XI. ein anderer, schlimmerer Krieg beginnen (Zweiter Weltkrieg).
Wenn ihr eine Nacht erhellt seht durch ein unbekanntes Licht, dann wisst, dass dies das große Zeichen ist, das Gott euch gibt, dass Er nun die Welt für ihre Missetaten mit Krieg, Hungersnot, Verfolgung der Kirche und des Heiligen Vaters strafen wird.
Um das zu verhüten, werde ich kommen und um die Weihe Russlands an mein Unbeflecktes Herz und um die Sühnekommunion an den ersten Samstagen bitten.

---

[15] Ebd.

Wenn man auf meine Wünsche hört, wird sich Russland bekehren und es wird Friede sein.

Wenn nicht, dann wird es seine Irrlehren über die Welt verbreiten, wird Kriege und Verfolgungen der Kirche heraufbeschwören, die Guten werden gemartert werden und der Heilige Vater wird viel zu leiden haben.

Verschiedene Nationen werden vernichtet werden.
Am Ende aber wird mein Unbeflecktes Herz triumphieren.
Der Heilige Vater wird mir Russland weihen, das sich bekehren wird, und eine Zeit des Friedens wird der Welt geschenkt werden.
In Portugal wird sich immer das Dogma des Glaubens erhalten.
Davon sagt niemandem etwas, Francisco könnt ihr es mitteilen.

Wenn ihr den Rosenkranz betet, dann sagt nach jedem Gesätz:
O mein Jesus, verzeih uns unsere Sünden,
bewahre uns vor dem Feuer der Hölle,
führe alle Seelen in den Himmel,
besonders jene, die Deiner Barmherzigkeit am meisten bedürfen" [16].

3.3.1 Anmerkung

Das außergewöhnliche Nordlicht war in der Nacht vom 25. zum 26.01.1938 zu sehen.

Der eigentliche Beginn des Zweiten Weltkrieges, so Schwester Lucia, vollzog sich schon mit der Besetzung Österreichs im Jahre 1938. Dies bedeutet, dass der Zweite Weltkrieg schon unter dem Pontifikat Pius XI. begon-

---

[16] Ebd., 185-186

nen hat, so dass die Vorhersage Marias sich wirklich ereignete.

3.4   Textanalyse

Wir befassen uns zunächst mit dem ersten Teil der Botschaft. Es fällt auf, dass Maria sehr höflich zu den Kindern spricht: Sie sagt „ich möchte".

Exkurs:
Das ist auch ein Hinweis für alle Eltern, Lehrer und Erzieher, dass sie mit ihren Kindern höflich sprechen sollen,
nicht „du musst – du sollst", sondern: „ich möchte". So
lernt das Kind, dass es eine Persönlichkeit ist, und entwickelt ein feines Gespür für höfliches Verhalten. Das Kind
wird dieses höfliche Verhalten, das man ihm entgegen-
bringt, ebenfalls pflegen und so durch den Nachah-
mungstrieb ein Gefühl für höfliche, angenehme Sprache
entwickeln.
Alle Mütter, Väter und Erzieher sind gut beraten, wenn
es um die Erziehung und das alltägliche Miteinander mit
den Kindern geht, auf Maria zu schauen und ihrem Beispiel zu folgen. Auch das ist Fatima: Beachtung des freien
Willens und höfliches Sprechen.

3.5   Der Auftrag Marias

Maria gibt den Kindern Aufgaben und sie begründet diese Aufgaben auch.

Sie sagt: „Betet täglich den Rosenkranz." Warum? – Um den Frieden für die Welt und das Ende des Krieges (Erster Weltkrieg) zu erbitten. Nur *sie allein* kann es erreichen. Was heißt das, „nur *sie allein*'? Kann Gott nicht den Frieden erreichen?

Kann Gott nicht das Ende des Krieges bewirken?

Natürlich kann Er es. Aber Er – Gott – hat diese Aufgabe an Maria, die ja auch die Friedenskönigin genannt wird, übertragen. Maria wandelt unsere Rosenkranzgebete in die Friedensgnade um. Sie ist ja die Gnadenausteilerin und die Fürsprecherin bei Jesus. Sie erbittet uns bei Jesus, ihrem göttlichen Sohn, den Frieden.

Sie erbittet das Ende des Krieges – sie allein.

Was sollen die Kinder tun?

Maria erteilt fünf Aufgaben:

Sie sollen am 13. des kommenden Monates wieder an diese Stelle kommen.

Sie sollen weiterhin jeden Tag den Rosenkranz beten.

Sie sollen weiterhin jeden Monat an diese Stelle kommen.

Sie sollen sich für die Sünder aufopfern.

Sie sollen das Opfer für die Sünder aus Liebe zu Jesus tun.

Mit diesen beiden letzten Aufgaben wollen wir uns nun näher befassen, denn sie gehören zusammen.

3.6   Das Liebesopfer

Die Kinder sollen das Opfer für die Sünder aus Liebe zu Jesus tun. Und etwas aus Liebe tun, kann man nur in Liebe tun. D. h. die Gesinnung, die ich in das Werk oder

Opfer hineinlege, durchwirkt, gestaltet, formt das ganze Werk. Wenn ich etwas widerwillig mache, wird es nicht gut. Der ganze Widerwille bzw. die Abneigung wird sichtbar. Es ist dann fehlerhaft oder hässlich etc.

Umgekehrt ist es mit einem Werk, das mir Freude macht, das ich gerne tue. Hier lege ich mein ganzes Herzblut hinein. Hier werde ich nicht müde. Meine ganze Kreativität wird sichtbar und es gelingt, es wird schön.

Und noch einmal anders ist es bei einem Werk, das ich normalerweise nicht tun würde, z. B. ein Opfer bringen für irgendjemand, der mir nichts bedeutet, den ich nicht kenne. Warum soll ich für den ein Opfer bringen? Dazu habe ich keine Lust. Da kann ich etwas Besseres tun.

Und jetzt ist da der Auftrag Marias:
Tue es – aus Liebe zu Jesus. Bring das Opfer für die Bekehrung der Sünder, nicht weil du gerade Lust dazu hast, nein – einzig und allein, weil du Jesus liebst.
Ein Liebesopfer: ein Opfer, das man für einen Geliebten bringt, immer und immer.
Für den Geliebten oder die Geliebte oder das geliebte Kind bringt man doch das ganze Leben hindurch Opfer, immer und immer Opfer *aus* und deshalb *in* Liebe.
Denn die Liebe hört doch nie auf.
Das erinnert an Paulus; er schreibt:
„Ich zeige euch jetzt noch einen anderen Weg – einen – der alles übersteigt"[17]. D. h. es gibt nichts, was ihn übertreffen könnte, diesen Weg der Liebe.

---

[17] 1 Kor 12, 31b

Und Paulus fährt fort: „Wenn ich prophetisch reden könnte und alle Geheimnisse wüsste und alle Erkenntnis hätte; wenn ich alle Glaubenskraft besäße und Berge damit versetzen könnte, hätte aber die Liebe nicht, wäre ich nichts. Und wenn ich meine ganze Habe verschenkte, und wenn ich meinen Leib dem Feuer übergäbe, hätte aber die Liebe nicht, nützte es mir nichts"[18].

Greifen wir das heraus: „Wenn ich alle Glaubenskraft besäße und Berge damit versetzen könnte, hätte aber die Liebe nicht, nützte es mir nichts."

3.7   Die Liebe

Die Liebe ist es also, die das Werk krönt. Die Liebe ist es, die das Opfer fruchtbar macht. Die Glaubenskraft ohne Liebe geht leer aus und nutzt nichts.
Das Opfer ohne Liebe nützt nichts. Das sagt uns Paulus mit den Worten: „Und wenn ich meine ganze Habe verschenkte und wenn ich meinen Leib dem Feuer übergäbe, hätte aber die Liebe nicht, nützte es mir nichts."

Die *Liebe* krönt unser Werk und nur die Liebe – *sie allein.*
Die Liebe ist die Grundvoraussetzung für das Gelingen unseres Tuns.
Alles, was wir tun, sollen wir aus Liebe zu Jesus tun, denn Er ist die Liebe. Unser Werk wird fruchtbar nur in der Vereinigung mit der Liebe Gottes. Deshalb bittet Maria die Kinder, alles, was sie tun, aus Liebe zu Jesus zu tun.

---

[18] 1 Kor 13, 1-3

Wörtlich: „O Jesus, das tue ich aus Liebe zu Dir für die Bekehrung der Sünder."

3.8 Joseph Ratzinger/Benedikt XVI.
Liebe wächst durch Liebe

Joseph Ratzinger/Papst Benedikt XVI. bringt es auf den Punkt. Er stellt die Behauptung auf: „Liebe wächst durch Liebe"[19].

Haben Sie das schon einmal selbst erfahren, dass die Liebe, die Sie verschenkt haben, den Beschenkten so beschenkt hat, dass er gleichsam in das Glück dieser Liebe getaucht wird und dadurch die Liebe in ihm so wächst, dass er weiter Liebe verschenken kann, dass also der Beschenkte auch ein Schenkender wird?

Warum ist das so?
Weil die Liebe göttlich ist, weil sie von Gott kommt und weil sie uns mit Gott eint und uns so reich beschenkt, dass wir gar nicht anders können, als selbst zu Schenkenden zu werden.

Er – Gott – hat uns zuerst geliebt und liebt uns zuerst. Er liebt uns und lässt uns seine Liebe verkosten. Er taucht uns ein in seine Liebe. Wir sind dann bekleidet und durchtränkt mit seiner Liebe. Nur aus diesem „Zuerst" kann in uns die Liebe aufkeimen. Die Liebe ist der Schlüssel zu Jesus Christus, denn Er ist die Liebe.

---

[19] Benedikt XVI., DEUS CARITAS EST, Freiburg 2006, 43

3.9   Der Fatima-Weg

Maria hat also von ihrem göttlichen Sohn Jesus Christus die wunderbare Aufgabe, möglichst viele ihrer Kinder auf den Weg der Liebe zu Jesus Christus zu führen.
Wer sind denn die Kinder Marias? Die Kinder Marias sind alle Menschen – alle, unabhängig von Kultur- und Religionszugehörigkeit.

Ja, wir alle – jeder Mensch ist von Gott gewollt und geliebt und somit Kind Gottes und Kind Marias.
Maria ist die Botschafterin der Liebe Gottes. Wenn Maria erscheint, hat sie einzig diese Aufgabe: ihrem göttlichen Sohn Jesus Christus viele Kinder zu gebären und uns alle auf diesen Fatima-Weg zu führen. Denn der Fatima-Weg ist der Liebesweg.

Und das Ziel dieses Fatima-Liebesweges ist unser Erlöser Jesus Christus. Er allein ist unser Ziel. Am Ende unseres irdischen Lebensweges wollen wir alle doch nichts anderes, als bei Ihm sein – bei Ihm leben ohne Begrenzung, ohne ein Ende. Die Herrlichkeit Gottes, die so schön für uns sein wird, dass unser menschliches Vorstellungsvermögen sie nicht fassen kann, erwartet uns am Ende unserer Tage. Sie erwartet voll Sehnsucht dich und mich. Sie erwartet jeden von uns.

4.   Maria & Fatima – Reflektion 4

Nachdem wir im vorherigen Teil über die Liebe gesprochen haben, kommen wir nun in diesem zweiten Teil der
dritten Botschaft von Fatima zu einem etwas unange-
nehmen Thema: Es geht um die Hölle.

4.1   Textanalyse: Höllenvision

Schwester Lucia schildert: „Bei diesen letzten Worten
öffnete sie (Maria) aufs Neue die Hände wie in den zwei
vorhergegangenen Monaten. Der Strahl schien die Erde
zu durchdringen. Und wir sahen gleichsam ein Feuermeer
und eingetaucht in dieses Feuer (…)"[20].
Hier schildert Lucia genau, was sie zusammen mit Jacinta
und Francisco gesehen hat.

Aber vor der Höllenvision hat Maria allen drei Kindern
gesagt, dass sie in den Himmel kommen werden. Sonst
hätten die Kinder das nicht ertragen. Und wir können davon ausgehen, dass Gott den Kindern zuvor besondere
Gnaden geschenkt hat, dass er sie gestärkt hat.

Maria hat also den Kindern die Hölle gezeigt, d. h. für einige kurze Sekunden durften sie einen Blick in die Hölle
werfen. Zunächst einmal ruft dieser Einblick in die Hölle

---

[20] Sr. Lucia spricht über Fatima, 7. Aufl., Fatima 2001, 184-185.
Der genaue Wortlaut der Höllenvision kann hier nachgelesen
werden. Da er größtenteils bekannt ist, wurde er nicht noch
einmal wiedergeben.

generell Entsetzen hervor, denn die Kinder sind noch sehr jung – sie können noch nicht einmal lesen.

Kann man denn so etwas Kindern zumuten? Bekommen die Kinder mit der Höllenvision nicht einen Schock fürs Leben?

Diese Fragen würden heute in den Medien breit diskutiert werden. Auch die Eltern und Erzieher würden so fragen: Kann man denn so etwas Kindern zumuten? Das kann doch unmöglich von Gott so gewollt sein. Das kann doch Maria niemals getan haben.

Aber – alles Fragen, alles Deuteln nutzt nichts. Die Kinder haben für kurze Sekunden die Hölle geschaut und sie haben bezeugt, dass sie nicht leer war. Das ist Fakt.

4.2   Die Strategie Marias

Jetzt steht die Frage im Raum, was wollte Maria damit erreichen? Welche Strategie steckt dahinter? Nun, wir wissen heute von Schwester Lucia selbst, dass die Höllenvision den Kindern keineswegs einen Schaden zugefügt hat.

Denn sie wussten zuvor ja auch, dass sie in den Himmel kommen werden, die Muttergottes hatte es ihnen versprochen.

Und so waren die Kinder aufs Höchste motiviert, noch mehr Opfer zu bringen und noch mehr für die Bekehrung der Sünder zu beten. Die Strategie Marias hatte ihre volle Wirkung gezeigt. Die Kinder haben aufgrund der

geschauten Höllenrealität den Auftrag Marias, für die Bekehrung der Sünder zu beten, sehr, sehr ernst genommen.
Sie haben gebetet und gefastet, um möglichst viele Sünder zu retten. Ja – das haben diese drei Kinder wirklich
getan. Schwester Lucia berichtet darüber sehr genau und
ausführlich.

4.3   Existiert die Hölle wirklich?

Aber – so müssen wir weiter fragen:
Gibt es denn überhaupt eine Hölle? Ist das nicht ein Re-
likt aus längst vergangener Zeit? Und ist denn, falls es
eine Hölle gibt, da überhaupt jemand drinnen? Oder
dient die Hölle nur dazu, die Menschen in Angst und
Schrecken zu versetzen?
Steht Gottes Barmherzigkeit der Höllenrealität nicht
frontal gegenüber? Und gibt es wirklich kein Entkommen
aus der Hölle? Und was ist die Hölle konkret?

4.4   Die Lehre der Kirche

Exkurs: Das Lehramt der katholischen Kirche bemerkt
dazu Folgendes:
„Die Schrift nennt den Aufenthaltsort der Toten, wohin
Christus nach dem Tod hinabgestiegen ist, ‚Hölle',
‚Scheol', ‚Hades', denn diejenigen, die sich darin aufhal-
ten, entbehren der Anschauung Gottes.

Das war vor dem Kommen des Erlösers bei allen Toten
der Fall, ob sie nun böse oder gerecht waren. Das heißt
aber nicht, dass alle das gleiche Los hatten. Jesus zeigt

uns das im Gleichnis vom armen Lazarus, der ‚in den Schoß Abrahams' aufgenommen wird. ‚Die Seelen der Gerechten, die in Abrahams Schoß den Heiland erwarteten, hat Christus der Herr bei seinem Abstieg in die Hölle befreit'"[21].

Jesus ist eben nicht in die Unterwelt hinabgestiegen, um die Verdammten daraus zu befreien, und Er ist auch nicht in die Unterwelt hinabgestiegen, um die Hölle – d. h. den Ort der Verdammung – aufzuheben. Er hat die Hölle *nicht* leer gefegt.

Sondern Jesus ist einzig und allein in die Unterwelt hinabgestiegen, um die Gerechten zu befreien, die vor seiner Zeit gelebt hatten, um ihnen das Tor des Himmels zu öffnen[22].

4.5   Das Liebesgebot

Um was geht es konkret?
Konkret geht es um das Liebesgebot. Denn es wird betont:
„Wir können nicht mit Gott vereint werden, wenn wir uns nicht freiwillig dazu entscheiden, Ihn zu lieben"[23].
Also: in Freiheit und nicht unter Zwang, denn jeder muss diese Entscheidung, Gott zu lieben, in Freiheit treffen.

---

[21] KKK, München 2005, 633
[22] Vgl. ebd.
[23] KKK, München 2005, 1033

Weiter heißt es: „Wir können aber Gott nicht lieben, wenn wir uns gegen Ihn, gegen unseren Nächsten und gegen uns selbst schwer versündigen"[24]. Jede Sünde birgt in sich immer eine dreifache Verfehlung, und zwar gegen Gott – gegen den Nächsten – gegen uns selbst.

Jesus sagt: „Wer nicht liebt, bleibt im Tod.

Jeder, der seinen Bruder hasst, ist ein Mörder und ihr wisst: Kein Mörder hat ewiges Leben, das in ihm bleibt"[25]. Denn die Gottes- und die Nächstenliebe gehören zusammen.

4.6   Gott verzeiht

Wenn wir in der Todsünde sterben, ohne sie zu bereuen, ohne die barmherzige Liebe Gottes anzunehmen, dann bleiben wir durch unseren eigenen freien Entschluss für immer von Gott getrennt. Es ist der *freie* Entschluss, es ist der Wille, nicht zu bereuen – nicht zu sagen: Herr, erbarme dich meiner, nicht zu sagen: Mein Jesus, Barmherzigkeit. Denn Gott verzeiht jedem, der Ihn aufrichtig darum bittet.

Aber wenn der Mensch sich verhärtet, wenn er die Liebe Gottes zurückweist, spricht er sich sein Urteil selbst.

Jesus ist nicht gekommen, um zu richten, sondern um zu retten. Aber der Mensch, der sich vor der Barmherzigkeit Gottes verschließt, schließt sich selbst aus – und zwar endgültig und unwiderruflich. Und diese endgültige

---

[24] Ebd.
[25] 1 Joh 3, 14b-15

Selbstausschließung aus der Gemeinschaft mit Gott und den Seligen nennt man „Hölle"[26].

4.7 Die Höllenrealität

Der Katechismus der katholischen Kirche bemerkt:
„Die Lehre der Kirche sagt, dass es eine Hölle gibt und dass sie *ewig* dauert"[27]. Die Entscheidung, die jeder Einzelne auf dem Sterbebett in der Sterbesekunde trifft, ist unwiderruflich. Es ist die End-Entscheidung. Denn die Seele steht nach dem leiblichen Tod sofort unmittelbar vor Gott. Und die Seele, die Gott in der Sterbesekunde um Hilfe anruft und bittet: „Mein Herr und mein Gott, habe Erbarmen mit mir" oder „Barmherzigkeit, mein Gott, Barmherzigkeit", diese Seele wird dann Barmherzigkeit finden.

Das kennen wir doch aus der Schrift, wo Jesus dem Übeltäter, der neben ihm am Kreuz hängt und ihn um Verzeihung bittet, antwortet: „Amen, ich sage dir: Heute noch wirst du mit mir im Paradies sein"[28]. Hieran erkennen wir doch, dass Jesus die Barmherzigkeit ist.

Aber wie wird die Hölle definiert bzw. erfahren?
Die schlimmste Pein der Hölle besteht in der ewigen Trennung von Gott. Denn nur bei Gott und in ihm allein kann der Mensch das Leben und das Glück finden.
Denn das ist seine Bestimmung – und seine Sehnsucht.

---

[26] Vgl. KKK, München 2005, 1035
[27] KKK, München 2005, 1035
[28] Lk 23, 43

Und so bekennt Augustinus:
„Unruhig ist unser Herz – bis es ruhet in Dir."

4.8   Die Mahnung

Die lehramtlichen und biblischen Aussagen über die Hölle sind eine Mahnung an die Menschen. Der Mensch soll seine Freiheit nicht missbrauchen. Er soll sie vielmehr gebrauchen, und zwar verantwortungsvoll. „Niemand wird von Gott dazu vorherbestimmt, in die Hölle zu kommen"[29].

Nur die freiwillige Abkehr von Gott, in der man bis zum Ende hartnäckig verharrt, führt dazu. Denn Gott achtet die freie Entscheidung des Menschen, so furchtbar sie auch für ihn sein mag.
Und um möglichst viele Seelen doch noch zu retten, fleht die Kirche im Messopfer das Erbarmen Gottes auf die Sünder herab; Gott will nicht den Tod des Sünders, sondern dass er sich bekehrt und lebt.

Und so betet die Kirche:
„Nimm gnädig an, o Gott, dieses Opfer
Deiner Diener und Deiner ganzen Gemeinde;
ordne unsere Tage in Deinem Frieden,
rette uns vor dem ewigen Verderben
und nimm uns auf in die Schar Deiner Erwählten"[30].

---

[29] KKK, München 2005, 1037
[30] MR, Römisches Hochgebet 88, in: KKK, München 2005, 1037

59

4.9   Die Freiheit des Menschen

In die Hölle zu kommen ist möglich, ist Realität. Aber die Hölle markiert die äußerste Möglichkeit, d. h. Gott nimmt den Menschen ernst. Und Er hat uns die Freiheit geschenkt und in dieser Konsequenz achtet Er den freien Willensentschluss des Menschen, denn der Mensch ist frei. Die christliche Rede von der Hölle hat nur den einen und einzigen Sinn, sie zu verhindern und uns alle vor ihr zu bewahren.

Das ist die Botschaft von Fatima.
Das ist die Aktualität und die Ernsthaftigkeit der Botschaft von Fatima.

Joseph Ratzinger/Papst Benedikt XVI. betont:
„Dem Menschen aber ist die Freiheit des Ja und des Nein, der Liebe und der Verweigerung verliehen; das freie Ja der Liebe ist das Einzige, worauf Gott warten muss"[31].
D. h. „es gibt eine Freiheit, die auch von der Gnade nicht aufgehoben (...) wird", (...) denn: „Das endgültige Geschick des Menschen wird ihm *nicht* an seiner Lebensentscheidung vorbei aufgedrängt"[32]. Dieser Tatsache müssen wir ins Auge sehen, uns ihr stellen.

---

[31] Joseph Ratzinger/Benedikt XVI., Einführung in das Christentum, 9. Aufl., München 2007, 268
[32] Vgl. ebd., München 1968, 268, in: Markus Schulze, Ist die Hölle menschenmöglich? Freiburg 2008, 395, Anm. 45

4.10   Maria – die Helferin

Aber in Maria hat Jesus uns die große Helferin geschenkt. Maria hat die Aufgabe, ihrem göttlichen Sohn, Jesus Christus, viele Kinder zuzuführen. Sie ist die Kämpferin an Gottes Seite. Und sie kämpft ununterbrochen für jeden von uns. Denn sie – unsere Mutter – will jedem von uns die Tür des Paradieses öffnen. Deshalb bittet Maria die Kinder, aus Liebe zu Jesus Opfer zu bringen und für die Bekehrung der Sünder zu beten, damit die Menschen sich für Gott entscheiden, damit sie das ewige Heil erlangen.

Johannes Paul II. hat das Fest der Barmherzigkeit Gottes eingeführt. Es soll am Weißen Sonntag überall auf der ganzen Welt gefeiert werden. Denn Gott hat ein großes Herz. Er will sich der Sünder erbarmen.

4.11   Gibt es Sünde?

Aber da steht wieder die Frage im Raum: Gibt es denn überhaupt die Sünde? Wenn es keine Sünde gibt, gibt es auch keinen Sünder – oder? Was ist denn die Sünde, wie entsteht sie und wie geschieht sie? Was haben wir uns darunter vorzustellen?

Es gibt unterschiedliche Arten oder Formen von Sünden. Eine Art möchte ich kurz skizzieren, und zwar geht es darum, wenn ich mich bewusst Gott gegenüber verweigere, also seinem Wollen, seinem Ruf nicht nachkommen will. Z. B.: „Wenn Gott eine neue Situation eröffnet, wenn er eine Konstellation schafft, in der seine Geschichte mit der Welt vorankommen könnte, vorankommen könnte ins Heil – und der Mensch nimmt dieses Angebot nicht an. Er bleibt stehen, wo er steht. Er verhärtet sich. Er sagt ‚nein'. Er will nicht das Neue, das ihm noch Unbekannte, das Unerhörte, das Fest, die Überfülle, die Gott in der Welt schaffen möchte. Er bleibt lieber bei sich selbst"[33]. Ich glaube, dass diese Herausforderung, die Gott persönlich an uns richtet, sehr oft von uns abgelehnt wird, weil wir glauben, damit überfordert zu sein, und weil wir Gott nicht zutrauen, dass Er es letztendlich ist, der die Aufgabe, die Er uns stellt, zum Gelingen bringt, dass Er es ist, der uns die Gnade schenkt, seinen Willen zu tun.

4.12   Paulus und das Wollen

Paulus drückt das sehr konkret aus; er bemerkt:
„Das Wollen liegt mir nahe, aber das Vollbringen des Guten nicht. Ich tue ja nicht das Gute, das ich will, sondern das Böse, das ich nicht will.

Wenn ich aber das tue, was ich nicht will, so wirke nicht ich es, sondern die in mir wohnende Sünde. Ich finde also, indem ich das Gute tun will, das Gesetz in mir, dass mir das Böse anklebt. Ich freue mich am Gesetz Gottes nach dem inneren Menschen. Aber ich sehe ein anderes Gesetz in meinen Gliedern, das dem Gesetz meines Geistes widerstreitet und mich gefangen hält unter dem Gesetz der Sünde, das in meinen Gliedern ist. O, ich un-

---

[33] Gerhard Lohfink/Ludwig Weimer, MARIA – nicht ohne Israel, Freiburg 2008, 21

glückseliger Mensch, wer wird mich befreien von diesem Tod bringenden Leiden?

Dank sei Gott durch Jesus Christus, unseren Herrn. Somit diene ich selber mit dem Geiste dem Gesetz Gottes, mit dem Fleisch aber dem Gesetz der Sünde"[34].

Hier erklärt Paulus sehr einsichtig, wie das mit der Sünde ist: Wir Menschen stehen ständig, solange wir hier auf der Erde leben, zwischen zwei Entscheidungen, die da lauten: tun oder lassen.

Jeder von uns kennt das. Auch wir tun oder lassen nicht immer das, was wir uns vorgenommen haben. Jeder von uns kämpft täglich diesen Kampf. Und manchmal merken wir es im Tun selbst gar nicht, dass wir irgendwie doch in die Falle getappt sind. Und erst später, wenn wir etwas Abstand gewonnen haben, geht uns sozusagen ein „Licht" auf und Gott in seiner Güte hilft uns und zeigt uns, wo wir nicht seinem Weg gefolgt sind.

Und hier an dieser Stelle gibt Paulus uns Hoffnung.
Denn – so Paulus – unsere Hoffnung ist Jesus Christus. Er befreit uns von der Sünde.
Das bedeutet, Gott lässt uns in unserem schwachen Fleisch nicht allein. Er kommt uns in Maria zur Hilfe. Er sendet Maria zu uns. Maria mobilisiert drei armselige Kinder im Alter zwischen sieben und zehn Jahren, die noch nicht einmal lesen können, für ihre große Sendung.

---

[34] Röm 7, 18b-25

Dies ist eine Tatsache: Die Erbsünde/Ursünde ist eine Glaubenswahrheit. Aber sie ist erst im Licht des Todes und der Auferstehung Christi als das Basisübel, als die „Böswurzel" nachzuvollziehen. Diese Erkenntnis wurde der Menschheit mit dem Kommen des Heiligen Geistes eröffnet. Denn: „Der Heilige Geist, den der auferstandene Christus uns sendet, ist gekommen, um die Welt der Sünde zu überführen, indem er den offenbart, der von der Sünde erlöst"[35].

Auch hic et nunc, also hier und jetzt ist der Heilige Geist am Werk, ist er zu uns gesandt, damit wir den Willen Gottes erkennen.

Nur in der Glaubenserkenntnis und im Reflektieren über den Sinn unseres Seins schenkt Gott uns die Einsicht, wozu er uns bestimmt hat und „dass die Sünde ein Missbrauch der Freiheit ist"[36]. Das bedeutet, dass die Sünde in ihrem Urkern immer „Ablehnung Gottes (und …) Widerstand gegen ihn"[37] ist. Denn Er ist die Liebe und die Sünde steht konträr gegen die Liebe.

---

[35] KKK, München 2005, 388. Siehe auch Joh 16, 8.
[36] Ebd.
[37] Ebd.

4.13 Das Prinzip Fatima

Fatima macht Folgendes deutlich: Das Anliegen Marias an die drei Kinder, aus Liebe zu Jesus Opfer zu bringen und den Rosenkranz für die Bekehrung der Sünder zu beten, ist heute wichtiger und aktueller denn je.

Aber: Was ist ein Opfer?
Die Kinder geben uns eine Erklärung dazu. Denn sie haben gefastet und Verzicht geübt. Sie haben sich ganz auf Gott eingelassen. Opfer bringen heißt auch:
Leer werden vom eigenen Ego – vom Eigenwillen – und so frei werden für Ihn, sich füllen lassen von Ihm, annehmen, was Er von uns will – auch das Leid. Denn der Mensch kommt nur zu sich selbst, indem er sich selbst verlässt und sich auf das Du hin öffnet.
Durch dieses Du erst findet er im Innersten seines Herzens: Jesus. Und Jesus Christus – der die Liebe ist – will, dass wir einander lieben. Deshalb gibt Maria den Kindern den Auftrag: Kümmert euch um die armen Sünder, betet und opfert euch für sie auf, damit sie sich bekehren – damit sie den Weg zu Jesus finden.

Fatima – das ist das Prinzip „Für".
Fatima ist „Stellvertretung".
Stellvertretung heißt: „Ich schenke mich stellvertretend hin für dich.
Und indem ich mich schenke für das Du,
schaue ich – durch dieses Du hindurch: das Antlitz Christi."

Anzumerken ist allerdings, dass die Stellvertretung auch ihre Grenze hat, denn wie schon erwähnt, kann die letzte personale Entscheidung, die End-Entscheidung nicht stellvertretend für das „Du" übernommen werden.

Diese endgültige End-Entscheidung muss das „Ich" in personaler Freiheit selbst für sich übernehmen. Und so fragt Maria *jetzt* uns alle, dich und mich:

Wollt ihr euch Gott anbieten und aus Liebe zu Ihm den Rosenkranz beten und euch aufopfern für die Bekehrung der Sünder und für den Frieden in der Welt?

5.   Maria & Fatima – Reflektion 5

Hier in diesem Text geht es um die vierte und fünfte Botschaft von Fatima vom 19. August und vom 13. September 1917. Dabei werfen wir neben anderen Themen auch einen Blick auf die Begriffe: Stellvertretung und Freiheit.

5.1   Die Botschaft Marias vom 19. August 1917

Die Worte Marias lauten wie folgt:

„Ich will,
dass ihr am 13. zur Cova da Iria kommt und dass ihr weiterhin täglich den Rosenkranz betet. Im letzten Monat werde ich ein Wunder wirken, damit alle glauben. (…) Betet, betet viel und bringt Opfer für die Sünder, denn viele Seelen kommen in die Hölle, weil sich niemand für sie opfert und für sie betet" [38].

5.2   Die Botschaft Marias vom 13. September 1917

Die Worte Marias lauten wie folgt:

„Betet weiterhin den Rosenkranz, um das Ende des Krieges zu erlangen. Im Oktober wird auch unser Herr kommen, Unsere Liebe Frau von den Schmerzen und vom Karmel und der heilige Josef mit dem Jesus-Kind, um die Welt zu segnen. Gott ist mit euren Opfern zufrieden, aber Er will nicht, dass ihr mit dem Strick schlaft. Tragt ihn nur tagsüber" [39].

---

[38] Sr. Lucia spricht über Fatima, 7. Aufl., Fatima 2001, 186
[39] Ebd., 188

Lucia spricht zur Gottesmutter:

„Man hat mich gebeten, vieles von Ihnen zu erflehen, die Heilung einiger Kranker und die eines Taubstummen."

Maria antwortet: „Ja – einige werde ich heilen – andere nicht. Im Oktober werde ich ein Wunder wirken, damit alle glauben" [40].

5.3 Textanalyse

Textanalyse der vierten und fünften Botschaft

Zunächst fällt auf, dass Maria nicht zu den Kindern sagt: „Ich möchte", wie bei der Botschaft zuvor, sondern sie sagt: „Ich will" – sie redet im Imperativ, also in der Befehlsform, und drückt ganz unmissverständlich ihren Willen aus.

Maria will, dass die Kinder weiterhin zur Cova da Iria kommen. Die Cova da Iria ist die Stelle, wo die Muttergottes den Kindern erscheint. Und die Kinder sollen am gleichen Datum kommen, nämlich am 13. des Monats. Zwar erscheint Maria im August erst am 19. bei den Valinhos. Aber das liegt daran, wie wir wissen, dass die Kinder ja im Gefängnis festgehalten wurden und somit am 13. nicht kommen konnten.

---

[40] Ebd.

5.4   Die Zahl 13

Die Zahl 13, die oft im normalen Leben als eine Un-
glückszahl gilt, gilt bei Maria als die wichtige Zahl. Denn
sie möchte, dass ihre Begegnung mit den Kindern immer
am 13. eines Monates stattfindet. Im August wurde das
leider durch die Verhaftung der Kinder verhindert. So
fanden fünf Erscheinungen der Gottesmutter auf ihren
Wunsch hin jeweils am 13. statt, d. h. die Zahl 13 weist
auf Fatima hin.

Auch in Tuy erscheint Maria am 13. Juni 1929.
Am 13. Mai 1981 geschah in Rom das Attentat auf Johannes Paul II. Schwester Lucia starb am 13. Februar
2005. Es fällt auf, dass diese vorgenannten Ereignisse, die
im Zusammenhang mit Fatima stehen, jeweils an einem
Dreizehnten des Monats geschahen.

5.5   Was will Maria?

Maria will, dass die Kinder weiterhin täglich den Rosenkranz beten; wieder misst Maria dem Rosenkranzgebet
große Bedeutung zu. Maria will, dass die Kinder viel, viel
beten und Opfer bringen für die Bekehrung der Sünder.
Warum? Maria begründet ihre Forderung ganz konkret:

„Viele Seelen kommen in die Hölle, weil sich *niemand* für
sie aufopfert und weil *niemand* für sie betet." Das ist eine
sehr traurige Aussage. Viele – wahrscheinlich sehr viele –
Menschen haben keine fromme Seele, die für sie betet –
die sich ihrer erbarmt. Es ist also sehr, sehr wichtig, dass
wir alle für andere beten, zuerst einmal für die uns von

Gott anvertrauten Menschen, d. h. für die, die uns am nächsten stehen.

Wer ist das? Das sind unsere Kinder, Enkelkinder, Schwiegerkinder, Ehepartner, Eltern, Großeltern und alle sonstigen Verwandten, also die gesamte Sippe. Zuerst müssen wir uns um unser nächstes Umfeld kümmern. Denn hier haben wir die erste Pflicht, stellvertretend zu beten und zu opfern.

5.6   Stellvertretung 2

Aber wir dürfen den Kreis nicht zu eng ziehen, denn Maria erteilt ausdrücklich an die Kinder den Befehl, für die Bekehrung der Sünder zu beten. Wer ist der Sünder? Der Sünder: Das ist jeder, das ist der, den ich kenne, das ist der, den ich nicht kenne, das ist der, der außer mir niemanden hat, der für ihn betet, das ist der, der außer mir niemanden hat, der sich für ihn aufopfert.

Es geht darum, dass der Mensch sich „aus Liebe zu Ihm, seinem Gott, für seinen Nächsten, der da ist jeder, verantwortlich (… fühlt). In dieser Verantwortung liegt dann auch letztendlich die Stellvertretung. Diese zeigt sich darin, dass der an Gott glaubende Mensch handelt, und zwar in Stellvertretung für den nicht an Gott glaubenden Menschen"[41].

---

[41] Anna Roth, Maria: Ihre Christozentrik im Spiegel der Theologie, Marburg 2008, 105

Auch Joseph Ratzinger/Papst Benedikt XVI. betont das Prinzip: „Für". Er schreibt:

„Weil christlicher Glaube den Einzelnen fordert, ihn aber für das Ganze will und nicht für sich selbst, darum ist in dem Stichwort ‚Für' das eigentliche Grundgesetz der christlichen Existenz ausgedrückt"[42].

Fatima heißt Stellvertretung, ebenso wie auch Maria ihr Jawort stellvertretend für die gesamte Menschheit gegeben hat. Das Sein Marias ist eine einzige Stellvertretung. Nichts behält sie für sich – sie lebt nur *für*. Dies ist begründet in der Sündenlosigkeit Marias. Aufgrund ihrer Sündenfreiheit ist Marias Wille ungeteilt, „nichts bleibt außerhalb ihres Ja-Wortes; ihr Für-Sein ist von keiner Sünde (von keinem Für-sich-Sein) geteilt"[43].

Es ist ein Paradox. Nur in der völligen Enteignung an Jesus Christus, nur indem sie sich ganz dem Herrn schenkt, lebt sie ihre Identität, ihr Sein. Und ihre Lebensaufgabe ist: Stellvertretung. So wie sie stellvertretend für die Menschheit ihr „Fiat" gab, so tritt sie unaufhörlich durch die Zeit hindurch stellvertretend für die Menschheit beim Herrn ein, als Fürsprecherin, Gnadenvermittlerin.

Und so wird es klar: „Wer auf Maria blickt, weiß, dass man nicht ‚für sich selbst', sondern ‚für die anderen' erwählt wird, dass man überhaupt nur ‚für sich selbst' Christ sein kann, indem man es ‚für die anderen' ist"[44].

---

[42] Joseph Ratzinger/Benedikt XVI., Einführung in das Christentum, München 2007, 263

[43] Vgl. Karl-Heinz Menke, Stellvertretung, Freiburg 1991, 332

[44] Ebd., 333

Jetzt bittet Maria darum, täglich den Rosenkranz zu beten und viele Opfer für die Sünder zu bringen, damit sie sich bekehren.

5.7   Fatima ist *jetzt*

In dieser Bitte – in diesem Befehl –, wo Maria ausdrücklich sagt: „Ich will, dass ihr das tut", wird unmissverständlich deutlich, dass es die Hölle gibt und dass sie kein Märchen ist. Es ist also eine ernste Angelegenheit, denn es wird klar, dass die Sünder, für die niemand betet und opfert, sich wirklich in sehr großer Gefahr befinden und dabei sind – unwiederbringlich – für ewig verloren zu gehen.

Fatima ist nicht vorbei – Fatima ist jetzt!
Diese Aussage bestätigte Papst Benedikt XVI. bei seinem Besuch in Fatima am 13. Mai 2010, als er bemerkte: „Wer glaubt, dass die prophetische Mission Fatimas beendet sei, der irrt sich. Hier an diesem Ort wird jener Plan Gottes wieder lebendig, der die Menschheit seit frühesten Zeiten mit der Frage konfrontiert: ‚Wo ist dein Bruder Abel'"[45]?

Wir alle sind sehr ernsthaft in die Pflicht genommen, das, was uns möglich ist, zur Rettung der Sünder auch zu tun. Der Befehl Marias: „Ich will, dass ihr das tut", um die vielen Seelen zu retten, dieser Befehl ergeht jetzt hier in die-

---

[45] Auszug der Predigt von Benedikt XVI. in Fatima am 13. Mai 2010, in: Fatima ruft, 3/2010, Nr. 210, 12

sem Augenblick an uns alle. Wir müssen ernsthaft für die Bekehrung der Sünder beten.

5.8   Die Entscheidung

Die drei Kinder werden also wirklich in die Pflicht genommen. Und wir alle ebenso. Maria zeigt auf: Es geht um alles oder nichts. Es geht um die Entscheidung, die der Sünder in der letzten Todes-Sekunde endgültig trifft. Diese Entscheidung ist nicht mehr umkehrbar.

In der fünften Botschaft wird das Opfer konkret. Die Kinder haben sich selbst das Opfer auferlegt, mit dem Strick zu schlafen. Sie bekommen von Gott ein Lob, denn Maria teilt den Kindern mit, dass der Herr zufrieden ist mit den Opfern, die die Kinder bringen. Ja, die Kinder übertreiben ihre Opferhaltung sogar, denn Maria muss ihnen sagen, dass Gott nicht will, dass sie den Strick in der Nacht tragen.

Dies bedeutet, dass Gott das Opfer, das die Kinder sich selbst auferlegt haben, als zu hart für sie empfindet. Und der Herr mildert dieses Opfer ab. Maria sagt, nur tagsüber dürften sie den Strick tragen. Hieran erkennen wir auch, dass Gott willkürliche Opfer nicht will.

Da steht nun die Frage im Raum:
Kann man denn Kindern, und vor allem Kindern, die noch so jung sind, so etwas zumuten? Tagsüber können sie den Strick tragen – das hört sich ja fast an wie eine Geißelung. „Nein – der barmherzige Gott kann das doch nicht wollen." – So würden wir alle heute argumentieren.

Aber – und da ist sie wieder, diese Ernsthaftigkeit – es gibt die Höllenrealität, die doch möglichst verhindert werden soll.

5.9   Freiheit und Barmherzigkeit

Um was geht es? Es geht um die zwei Säulen, und zwar: um die Barmherzigkeit Gottes auf der einen Seite und die Freiheit des Menschen auf der anderen Seite.

Einerseits ist da der barmherzige Gott, der ausdrücklich betont:
„Ich bin nicht gekommen, die Welt zu richten, sondern die Welt zu retten"[46]. Und weiter schreibt Johannes: „Denn Gott hat den Sohn nicht in die Welt gesandt, damit Er die Welt richtet, sondern damit die Welt durch Ihn gerettet wird"[47]. Und bei Matthäus lesen wir: „Erbarmen will ich, nicht Opfer"[48].

Steht Fatima demnach etwa gegen die Aussagen der Schrift? Denn eben haben wir bei Matthäus gelesen, dass Gott keine Opfer will, aber Maria sagt den Kindern in Fatima, dass sie Opfer bringen sollen für die Bekehrung der Sünder.

Und bei Johannes haben wir gehört, dass Jesus gekommen ist, um die Welt zu retten. Und das heißt nichts anderes, als dass Gott die Sünder retten will. Hat uns Jesus

---

[46] Joh 12, 47
[47] Joh 3, 17
[48] Mt 9, 13

nicht durch seinen Tod am Kreuz alle erlöst? Im Ephe-
serbrief heißt es: „In Ihm haben wir die Erlösung durch
Sein Blut"[49].

Also – wofür sollen wir noch beten? Und wofür brauchen
wir noch Opfer?

5.10 Paulus und die Freiheit

Was sagt Paulus?
„Zur Freiheit hat uns Christus befreit"[50].
Und danach folgt sogleich die Mahnung: „Bleibt daher
fest und lasst euch nicht von Neuem das Joch der
Knechtschaft auflegen"[51]. (Das bedeutet: Lasst euch
nicht unter die Unfreiheit der Sünde stellen.)
Weiter schreibt Paulus: „Ihr seid zur Freiheit berufen
(…). Nur nehmt die Freiheit nicht zum Vorwand für das
Fleisch, sondern dient einander in Liebe"[52].

Was bedeutet das für uns? In die Freiheit gestellt sein,
heißt auch immer, in die Entscheidungsfreiheit gestellt
sein, sich für oder gegen Christus entscheiden zu können.
Diese Möglichkeit ist und bleibt offen, solange wir hier
auf Erden wandeln. Diese Möglichkeit bleibt offen bis
zur End-Entscheidung. Denn der Mensch ist Person.
Gott als Person ist Freiheit. Der Mensch als Person und
Ebenbild Gottes besitzt Freiheit.

---

[49] Eph 1, 7
[50] Gal 5, 1
[51] Vgl. ebd.
[52] Gal 5, 13

5.11 Fatima ist Rettung

Wenn Maria ausdrücklich befiehlt: „Ich will, dass ihr das tut", dann ist Eile geboten, dann ist ihr Anliegen absolut wichtig. Denn der Auftraggeber Marias ist ihr göttlicher Sohn Jesus Christus. Maria kommt nicht zu den Kindern, weil es auf der Erde so nett zugeht.

Nein – Maria erscheint und ist in Fatima erschienen, um die vielen Sünder in der wirklich allerletzten Sekunde vor dem Abgrund noch aufzufangen.

Es fällt auf, dass Maria zum wiederholten Male darauf hinweist, dass sie im Oktober ein Wunder wirken wird, damit die Menschen glauben. Ihre Erscheinungen in Fatima werden durch dieses Wunder in die Realität gestellt. Denn dieses Wunder wird für die Menschen sichtbar, erfahrbar sein.

Und Maria kündigt den Kindern an, dass der Herr selbst kommen wird, und dass sie selbst als Unsere Liebe Frau von den Schmerzen und vom Karmel kommen wird, und dass der heilige Josef mit dem Jesuskind kommen wird, um die gesamte Welt zu segnen.
Hier erkennen wir wieder ganz klar die große Bedeutung von Fatima.

6.   Maria & Fatima – Reflektion 6

In diesem sechsten Teil befassen wir uns mit der sechsten Botschaft von Fatima, die am 13. Oktober 1917 von Maria an Schwester Lucia gegeben wurde. Die Muttergottes hatte den Kindern ein Wunder angekündigt. Hierbei handelt es sich um das große Sonnenwunder.

6.1   Die Botschaft Marias vom 13. Oktober 1917

An diesem 13. Oktober 1917 war es kalt, trüb und es regnete sehr. Der anhaltende Dauerregen hatte die Cova da Iria in Fatima, wo die Erscheinung stattfand, in eine riesige Schmutzpfütze verwandelt. Die vielen wartenden Menschen – es waren ca. 70.000 – waren durchnässt. Lucia sagte, einer Eingebung folgend, alle sollten die Schirme schließen. Das taten sie und man betete den Rosenkranz.

Die Botschaft Marias vom 13. Oktober 1917 lautet:

„Ich möchte dir sagen,
dass hier eine Kapelle zu meiner Ehre gebaut werden soll.
Ich bin Unsere Liebe Frau vom Rosenkranz.
Man soll weiterhin täglich den Rosenkranz beten.
Der Krieg geht zu Ende (Erster Weltkrieg)
und die Soldaten werden in Kürze nach Hause zurückkehren.“

Schwester Lucia sagte zu Maria: *„Ich wollte Sie um vieles bitten, ob Sie einige Kranke heilen und einige Sünder bekehren möchten und vieles mehr.“*

Maria antwortete: „*Einige ja – andere nicht. Sie müssen sich bessern und um Vergebung ihrer Sünden bitten.*" Und noch trauriger sagte Maria: „*Man soll Gott – unsern Herrn – nicht mehr beleidigen, der schon so sehr beleidigt worden ist*" [53].

Dann öffnete Maria die Hände und ließ sie im Sonnenschein erstrahlen. Während sie sich erhob, strahlte ihr eigenes Licht in der Sonne wider.

6.2   Das Sonnenwunder

Dann schrie Lucia: „Schaut, die Sonne!" Der Regen hörte plötzlich auf. Die Wolken zerrissen. Die Sonnenscheibe wurde sichtbar – aber sie war silbern wie der Mond.
Die Sonne begann mit ungeheurer Geschwindigkeit, wie ein Feuerrad um sich selbst zu kreisen, gelbe – grüne – rote – blaue und violette Strahlenbündel werfend.

Die ganze Umgebung und die Menschen wurden in diese bunten Strahlen eingetaucht. Das geschah dreimal hintereinander. Alle Anwesenden verfolgten staunend dieses Schauspiel.

Und plötzlich war es, als löse sich die Sonne vom Firmament und eile auf die Menschen zu. Die Leute schrien vor Angst. Und sie waren sehr ergriffen und viele bezeugten laut ihren Glauben.
Die durchnässte Kleidung der Menschen war nach diesem Sonnenwunder *sofort* trocken.

---

[53] Sr. Lucia spricht über Fatima, 7. Aufl., Fatima 2001, 188f

Lucia berichtet weiter: „Nachdem Unsere Liebe Frau in der unendlichen Ferne des Firmaments verschwunden war, sahen wir neben der Sonne – den heiligen Josef mit dem Jesuskind und Unsere Liebe Frau in Weiß gekleidet mit einem blauen Mantel.

Der heilige Josef mit dem Jesuskind schien die Welt mit einer Handbewegung in Kreuzesform zu segnen. Dann verschwand diese Erscheinung und wir sahen unseren Herrn und Unsere Liebe Frau von den Schmerzen. Unser Herr schien die Welt in der gleichen Weise zu segnen wie der heilige Josef." Schwester Lucia berichtet, dass sie meint, auch Unsere Liebe Frau vom Karmel gesehen zu haben.

Fazit: Maria hat ihr Versprechen gehalten. Die Naturgesetze wurden außer Kraft gesetzt und damit auf die Ernsthaftigkeit und Wichtigkeit der Fatima-Botschaft hingewiesen und die Realität der Erscheinungen in Fatima sichtbar gemacht. Viele Bekehrungen und Heilungen ereigneten sich daraufhin.

6.3   Textanalyse

Zunächst erteilt Maria einen Auftrag: Es soll eine Kapelle zu ihrer Ehre gebaut werden, und zwar an dieser Erscheinungsstelle.
Wie wir alle wissen, ist das geschehen. Fatima ist heute ein großes Wallfahrtszentrum mit ca. sechs Millionen Besuchern jährlich.

Maria teilt Lucia mit, dass sie Unsere Liebe Frau vom Rosenkranz ist. Dann kündigt sie an, dass der Krieg bald zu Ende ist, d. h. sie gibt den Menschen Hoffnung – Hoffnung auf Frieden. Denn Maria ist ja auch die Friedenskönigin. Und sie gibt wieder den Auftrag, täglich den Rosenkranz zu beten. Das bedeutet für uns heute, dass es jetzt immer noch ein sehr aktuelles, ernsthaftes und wichtiges Anliegen der Muttergottes ist, dass wir alle täglich für die Bekehrung der Sünder den Rosenkranz beten.

Dann sind da noch die Bitten Lucias: Maria möge bestimmte Kranke heilen und einige Sünder bekehren. Aber hier stellt Maria ganz klare Bedingungen: Sie müssen umkehren. Sie müssen um die Vergebung ihrer Sünden bitten. Das bedeutet, sie müssen mitwirken mit der Gnade Gottes. Wir sind freie Geschöpfe und Gott nimmt uns in die Verantwortung.

6.4   Fatima und die Eucharistie

In Fatima ereignete sich das große Sonnenwunder. Wir haben soeben gelesen, dass die Sonnenscheibe sichtbar wurde, dass alle anwesenden Menschen und die gesamte Umgebung in diese bunten Strahlen eingetaucht wurden und dass es so schien, als würde sich die Sonne vom Firmament lösen.

Für was steht die Sonne? Ist sie nicht oft ein Symbol für Gott, also für Christus? Er selbst sagt von sich: „Ich bin das Licht der Welt"[54] und Dante Alighieri führt aus, dass

---

[54] Joh 8, 12

es nichts Sichtbares auf der ganzen Welt gibt, welches es mehr verdiene, Symbol für Gott zu sein, als die Sonne. Und wenn wir Ihn anbeten in der Gestalt der Hostie, erinnert sie uns nicht an die Sonne? Und wenn der Priester die Eucharistie feiert und die Hostie für alle sichtbar in seinen Händen hält und die Wandlungsworte spricht: „Das ist mein Leib", leuchtet sie dann nicht wie die Sonne und wärmt sie nicht unsere Seelen? Könnte das große Sonnenwunder in Fatima nicht auch ein Hinweis auf die Eucharistie sein? Es fällt auf, dass in Fatima täglich viele Male das Messopfer gefeiert wird.

6.5   Die Eucharistie – Tor zur Ewigkeit

Bei jeder Eucharistiefeier verbindet sich der Himmel mit der Erde. Denn schon jetzt kommt der Herr in seiner Eucharistie und ist in unserer Mitte anwesend[55].

Da die Teilnahme an der Eucharistie uns zur Heiligung dient, ist es ratsam, ihr so oft wie möglich, nicht nur sonntags, sondern auch werktags beizuwohnen. Denn „als Opfer wird die Eucharistie auch zur Vergebung der Sünden der Lebenden und der Toten dargebracht und um von Gott geistliche und zeitliche Wohltaten zu erlangen"[56].

Das bedeutet, dass uns durch die Teilnahme an der Eucharistie große Gnaden geschenkt werden. Sie stärken und helfen uns unser Leben nach Ihm auszurichten, Ihm

---

[55] KKK 1404
[56] KKK 1414

immer näher zu kommen, um Ihm einst ganz zu gehören. Auch können wir ganz im Sinne der Botschaft von Fatima, wenn wir am Messopfer teilnehmen, dort für die Bekehrung der Sünder beten und sie geistiger weise mit in die Eucharistie hineinnehmen, so dass auch sie an der Gnadenfülle teilhaben. Denn „die Eucharistie ist die Mitte und der Höhepunkt des Lebens der Kirche. In ihr nimmt Christus seine Kirche und alle seine Glieder in sein Lob- und Dankopfer hinein, das er am Kreuz seinem Vater ein für allemal dargebracht hat. Durch dieses Opfer lässt er die Gnaden des Heils seinem Leib, der Kirche, zuteilwerden"[57].

So leuchtet uns die Eucharistie den Weg zu Ihm, denn sie ist „der ständige Lebensgrund der Christen, als die formgebende Kraft ihrer Existenz"[58].

---

[57] KKK 1407

[58] Joseph Ratzinger, Gesammelte Schriften, Bd. 11, Freiburg 2008

7. Weitere Erscheinungen Marias

Nach diesen sechs Erscheinungen Marias in Fatima fanden noch weitere Erscheinungen statt, die einen Bezug zu den Botschaften Marias in Fatima haben. Vor allem geht es auch um Erscheinungen der Gottesmutter mit dem Jesuskind.

7.1 Die Erscheinung Marias am 10. Dezember 1925 in Pontevedra

Schwester Lucia hielt sich für einige Zeit in Pontevedra auf, während sie ansonsten im Institut der Dorotheerinnen in Vilar bei Porto wohnte. Im Jahre 1926 wurde sie in das Kloster in Tuy/Spanien aufgenommen, wo sie 1928 die zeitliche und 1934 die ewige Profess ablegte. Im Jahre 1948 trat Sr. Lucia in den Orden der Karmelitinnen in Coimbra ein.

Die heilige Jungfrau Maria erscheint am 10. Dezember 1925 in Pontevedra, und zwar seitlich mit dem Jesuskind in einer leuchtenden Wolke. Die heilige Jungfrau legt Schwester Lucia die Hand auf die Schulter und zeigt ihr ein von Dornen umgebenes Herz, das sie in der anderen Hand hält.

Nicht Maria, sondern das Jesuskind sagt zu Lucia:

„Habe Mitleid mit dem Herzen deiner heiligsten Mutter, umgeben von Dornen, mit denen die undankbaren Menschen es ständig durchbohren, ohne dass jemand einen Sühneakt machen würde, um sie (die Dornen) herauszuziehen."

Darauf sagt die heiligste Jungfrau:

„Meine Tochter, sieh mein Herz umgeben von Dornen, mit denen es die undankbaren Menschen durch ihre Lästerungen und Undankbarkeiten ständig durchbohren. Bemühe wenigstens du dich, mich zu trösten, und teile mit, dass ich verspreche, all jenen in der Todesstunde mit allen Gnaden, die für das Heil der Seelen notwendig sind, beizustehen, die fünf Monate lang jeweils am ersten Samstag beichten, die heilige Kommunion empfangen, einen Rosenkranz beten und mir während 15 Minuten durch Betrachtung der 15 Rosenkranz-Geheimnisse Gesellschaft leisten in der Absicht, mir dadurch Sühne zu leisten" [59].

7.2 Textanalyse

Zunächst ist festzuhalten, dass das Jesuskind und Maria mit Lucia sprechen. Und dieser Auftrag hat eine neue Dimension: Denn es geht hier nicht nur um die Rettung der vielen Seelen, sondern auch um die Rettung der eigenen Seele in der Todesstunde.

Maria verspricht der Seele – also der Person, die den Auftrag erfüllt –, ihr persönlich in der Todesstunde beizustehen. Diese Seele wird alle notwendigen Gnaden erhalten. Das bedeutet aber, dass wir uns auch entsprechend auf unsere Todesstunde vorzubereiten haben, dass wir der *barmherzigen Gnade Gottes* bedürfen, um das Heil zu erlangen. Wir erhalten von der Gottesmutter Maria eine große Chance. Denn Maria öffnet uns die Tür zum Heil, zu Jesus.

---

[59] Sr. Lucia spricht über Fatima, 7. Aufl., Fatima 2001, 201

7.3   Das menschliche Herz

Was aber hat es mit dem Unbefleckten Herzen Marias auf sich? In einem ersten Schritt wollen wir uns mit der Bedeutung eines ganz normalen Herzens, also des „Herzens an sich" befassen.

Biblisch gesehen kommt dem Herzen eine wichtige Rolle zu, wenn es um die Beschreibung von seelischen und geistigen Erlebnissen geht. „Weil starke Affekte auch physisch im Herzen empfunden werden, gibt es kaum einen Vorgang, der nicht mit dem Herzen in Verbindung steht"[60].

Das Herz gilt als Sitz des Gefühls[61]. Es zeigt Verlangen und Begehren[62]. Auch handwerkliche und geistige Fähigkeiten sind Sache des Herzens. Das Herz gilt auch als Stätte des Urteilsvermögens und als Ort, wo Entscheidungen getroffen werden[63]. Und weil im Herzen die tiefste Wurzel menschlichen Handelns liegt, kann vom Herzen generell auch die Aussage gemacht werden, dass es „pars pro toto" für den ganzen Zustand des Menschen steht[64].

---

[60] Renate Brandscheidt, Herz Biblisch, in: LThK, 3. Aufl., Sonderausgabe 2006, 50
[61] 1 Sam 1, 8; 2 Sam 17, 10; Joh 14, 1
[62] Ps 21, 3; Röm 10, 1
[63] Vgl. Spr 16, 23; 1 Kor 7, 37
[64] Vgl. Apg 8, 21; 1 Tim 1, 5

7.4 Das Unbefleckte Herz Marias

Kommen wir nun zum Unbefleckten Herzen Marias. Gott selbst will nicht, so haben wir es eben und in den Botschaften zuvor gehört, dass das Unbefleckte Herz Marias leiden muss.

Wo liegt der Unterschied zwischen dem Herzen eines sündigen Menschen und dem Unbefleckten Herzen Marias?

Die Lehre der Kirche sagt – und hat es unter Pius IX. im Jahre 1854 dogmatisiert:

„Dass die seligste Jungfrau Maria im ersten Augenblick ihrer Empfängnis durch die einzigartige Gnade und Bevorzugung des allmächtigen Gottes im Hinblick auf die Verdienste Christi Jesu, des Erlösers des Menschengeschlechtes, von jeglichem Makel der Urschuld unversehrt bewahrt wurde" [65].

Das Herz Marias ist ganz rein. Keine sündigen Regungen finden sich in ihm, im Gegensatz zu unseren Herzen. Das Herz Marias steht für ihre ganze Person.
D. h. es ist das Zentrum – ihr innerstes Sein, und so die Mitte und Quelle ihres Innenlebens, ihres Verstandes und Gedächtnisses, ihres Willens und ihrer Liebe.

So steht das Herz Marias für den *ungeteilten* Sinn, mit dem Maria sich Gott und den Menschen hingegeben hat[66].

---

[65] DH 2005, 2803

[66] Vgl. Theodor Maas-Ewerd, Herz Mariä, Verehrung, in: LThK, 3. Aufl., Sonderausgabe 2006, 60

Und dieses reine, makellose mütterliche Herz Marias steht auch heute und durch die gesamte Erdenzeit allen Menschen offen. Denn Maria will uns doch alle zu ihrem göttlichen Sohn hinführen. Es ist das reinste mütterliche Herz Marias, das sich ununterbrochen um unser Heil sorgt. Aus dem Herzen, das für das Innerste der Person, für den Quellgrund der Gesinnung und der Handlung steht, strömen vor allem die Liebe, das Erbarmen und die Kraft der Hingabe[67].

In einer Präfation über das Herz Marias beten wir:

„Du – allmächtiger Vater –
hast der seligen Jungfrau Maria ein kluges und verständiges Herz
geschenkt, bereit, auf Dich zu hören und Deinen Weisungen in al-
lem zu folgen:
ein neues und mildes Herz,
in das Du selbst das Gesetz des Neuen Bundes geschrieben hast.
Ein schlichtes und reines Herz,
mit dem sie als Jungfrau Deinen Sohn empfing und mit dem sie
Dich schauen darf in ewiger Freude.
Ein waches und starkes Herz, das das Schwert des Leidens furcht-
los ertrug und die Auferstehung des Sohnes gläubig erwartete"[68].

---

[67] H. M. Köster, Herz Mariä, in: Marienlexikon, Bd. 3, St. Ottilien 1991, 163

[68] Theodor Maas-Ewerd, Herz Mariä, Verehrung, in: LThK, 3. Aufl., Sonderausgabe 2006, 60. In den Proprien von Teilkirchen und Orden findet man mehrere Messen vom Herzen Marias. Das erweiterte Formular stammt größtenteils aus dem Eigengut der Claretiner.

Joseph Ratzinger/Papst Benedikt XVI. geht Bezug nehmend auf die Botschaft von Fatima der Frage nach, welche Bedeutung die Aussage Marias, dass ihr Unbeflecktes Herz siegen wird, hat.

Er fragt: „Was heißt das? Das für Gott geöffnete, durch das Hinschauen auf Gott rein gewordene Herz ist stärker als Gewehre und Waffen aller Art. Das ‚Fiat' Marias, das Wort ihres Herzens, hat die Weltgeschichte gewendet, weil es den Retter eingelassen hat in diese Welt – weil im Raum dieses Ja Gott Mensch werden konnte und es nun ewig bleibt.

Das Böse hat Macht in der Welt, wir sehen es und erfahren es immer wieder; es hat Macht, weil unsere Freiheit sich immer wieder von Gott abdrängen lässt.
Aber seit Gott selbst ein menschliches Herz hat und so die Freiheit des Menschen ins Gute hinein, auf Gott zu, gewendet hat, hat die Freiheit zum Bösen nicht mehr das letzte Wort"[69].

---

[69] Joseph Ratzinger/Benedikt XVI., Die Botschaft von Fatima, in: Verlautbarungen des Apostolischen Stuhls 2000, Nr. 147, 44

7.5 Adrienne von Speyr und die Nähe zwischen Mutter und Sohn

Adrienne von Speyr bringt es auf den Punkt, indem sie unmissverständlich auf die Nähe zwischen Mutter und Sohn hinweist. Sie schreibt: „Sie, Maria, lebt so sehr in Gott, dass sie immer weiß, was Gott von ihr will"[70]. Denn aufgrund ihrer Sündenlosigkeit, ihrer Unbefleckten Empfängnis, kann Maria nichts anderes wollen als den Willen Jesu. Somit wird klar, dass sie ihre Zustimmung zum Willen Gottes nur ganzheitlich geben kann, sodass ihr inneres Wollen und ihr äußeres Wirken zusammenfließen[71].

Adrienne von Speyr konkretisiert noch einmal dieses wundervolle Geheimnis zwischen Mutter und Sohn, die Untrennbarkeit, dieses Einssein im Willen und somit im Wollen: „Weil Gott ihr so nah ist, lebt seine ewige, lebendige Wahrheit in ihr. Nicht eine theoretische Wahrheit, sondern die Wahrheit des einen und dreipersönlichen Gottes. (…) In allem, was sie (Maria) tut, ist sie wahr. Es gibt in ihr keine Lüge, keine Verhüllung, keine Verstellung, kein Zurückbleiben hinter einer Forderung. (…) Sie hat eine Unbeirrbarkeit – nicht aus sich selbst, sondern als ein dauerndes Gnadengeschenk"[72].

Das bedeutet, Maria ist nicht wie wir, uneins mit sich selbst. Bei ihr gibt es nicht diesen Kampf zwischen Wol-

---

[70] Adrienne von Speyr, Die Magd des Herrn, 3. Aufl., Einsiedeln 1988, 19
[71] Vgl. ebd.
[72] Ebd. 19; 20

len und Vollbringen, zwischen dem Gesetz in ihren Gliedern und dem Gesetz in ihrem Geist, wie Paulus es uns beschreibt[73].

Durch ihre Sündenreinheit ist ihr Wesen in sich so geordnet, dass „alle ihre Eigenschaften wie ein Meer ineinander fließen"[74].

Maria macht keine halben Sachen. Sie hinterfragt nicht. Bei ihr gibt es nicht dieses „Ja – Aber" wie bei uns. Alles, was sie tut, macht sie ganzheitlich. Als sie dem Engel ihr „Ja" gegeben hat, hat sie es mit der ganzen Fülle ihres Seins gegeben, hat sie sich ganz, d. h. ihren gesamten Lebensweg, Gott überantwortet. Sie hat ihr „Ja" gegeben, ohne auf sich selbst zu achten, in reinster Demut und im glaubenden Gehorsam.

Maria hat ihr „Ja" gegeben „ohne Blick auf ihre Demut, ohne bei sich selbst Halt zu machen, ohne zu prüfen, ob sie würdig oder fähig sei, zu so Großem ja zu sagen, sondern im klaren Wissen, dass die Kraft der Erfüllung ihr mit der Erwählung zusammengegeben wird. Sie weiß, (…) dass diese Gnade Gottes ihre ganze Aufgabe betreffen wird, nicht etwa nur einen Teil, die Empfängnis oder die Geburt"[75].

Im nachfolgenden Text erklärt Adrienne von Speyr noch einmal sehr eindeutig, was Jesus an Maria vollbracht hat, und stellt diese einmalige Wesensdurchdringung, nicht

---

[73] Vgl. Röm 7, 18b – 23
[74] Adrienne von Speyr, Die Magd des Herrn, 3. Aufl., Einsiedeln 1988, 20
[75] Vgl. ebd., 21

Wesensgleichheit, heraus. Denn die Wesensgleichheit kommt nur der Trinität, der Dreifaltigkeit zu. Sie, die drei göttlichen Personen, sind nur eine Wesenheit und aufgrund der einen Wesenheit ein Gott und deshalb bekennen wir uns nicht zu drei Göttern, sondern zu dem einen Gott in drei Personen, der sich in Jesus Christus offenbart hat.

Adrienne von Speyr erklärt:

„Und er (Jesus – ihr göttlicher Sohn)
formt nicht nur ihre Natur
mit ihren natürlichen Eigenschaften, um sie zu veredeln, sondern Er benützt sie wie ein Gefäß,
um in sie hinein seine ganze Übernatur zu gießen,
um sich aus ihr eine Mutter zu formen"[76].

Das ist die Erklärung dafür,
dass Maria vom ersten Augenblick ihrer Empfängnis an ganz rein, ganz ohne Sünde war.

Das ist die Erklärung dafür,
dass Jesus nicht duldet,
dass das Unbefleckte Herz Marias beleidigt wird.

Das ist die Erklärung dafür,
dass Jesus allen, die dem Unbefleckten Herzen Marias an diesen fünf Samstagen Sühne leisten,
das ewige Heil verspricht.

---

[76] Ebd.

Denn das Herz Marias steht dem Herzen Jesu am nächsten. Zusammen mit Jesus ist auch Maria in die konkrete geschichtliche Ganzheit der einen unteilbaren Heilsaktion des dreifaltigen Gottes hineingenommen.

Und so kann der Engel beide Herzen im Gebet verbinden, wo es heißt:

„Durch die unendlichen Verdienste seines Heiligsten Herzens und des Unbefleckten Herzens Marias
bitte ich Dich um die Bekehrung der armen Sünder. Amen."

Die beiden Herzen von Jesus und Maria gehören zusammen, sind untrennbar.

8. Die Erscheinung des Jesuskindes am 15. Februar 1926 in Pontevedra

Es folgte dann noch eine weitere Erscheinung des Jesuskindes in Pontevedra.

Diese Erscheinung bezieht sich auf die vorangegangene Erscheinung am 10. Dezember 1925. Und zwar geht es hier um Klarstellungen bezüglich der Beichte an den fünf Samstagen.

Bei der Erscheinung fragt das Jesuskind Schwester Lucia nach dem Stand der Dinge, die Andacht zu Seiner Mutter Maria betreffend. Schwester Lucia deutet auf die Schwierigkeiten hin, die es gab bezüglich der Samstagsbeichte. Und sie bat darum, dass die Beichte acht Tage gültig sein möge.

8.1 Die Botschaft

Das Jesuskind antwortete: *„Ja, es kann sogar viel länger sein, vorausgesetzt, dass sie im Stande der Gnade sind, wenn sie mich empfangen, und dass sie die Absicht haben, dem Unbefleckten Herzen Mariens Sühne zu leisten"* [77].

Schwester Lucia fragte dann noch: *„Mein Jesus, und wenn jemand vergisst, diese Meinung zu erwecken?"*

Jesus antwortete: *„Das können sie bei der nächsten Beichte tun, sofern sie die erste Gelegenheit wahrnehmen, die sie zur Beichte haben"* [78].

---

[77] Mantke, Wolfram Eckhard, Die Erscheinungen der Hl. Maria in Fatima, Fatima 2005, 38-39

[78] Ebd.

8.2   Textanalyse

Es fällt auf, dass für Jesus die Andacht zum Unbefleckten Herzen Marias sehr wichtig ist. Er selbst kümmert sich darum, dass sein Auftrag auch ausgeführt wird. Es fällt weiter auf, dass Jesus auch sehr großzügig ist, denn auf die Bitten von Schwester Lucia erweitert er den Zeitraum der Beichte, allerdings unter der Bedingung, dass die betreffenden Personen sich im Stande der Gnade befinden und in der vorgegebenen Absicht handeln.

Hier kommt Jesus uns Menschen großzügig entgegen, um uns zu helfen, seine Bitten zu erfüllen. Schwester Lucia erfährt die großzügige Geste Jesu persönlich.

9. Die Erscheinung Marias am 13. Juni 1929 in Tuy

Am 13. Juni 1929 erscheint Maria ein weiteres Mal in Tuy/Nordwestspanien in der Kapelle des Klosters der heiligen Dorothea. Sie erschien in der Nacht von Donnerstag auf Freitag zwischen 23 und 24 Uhr, während Schwester Lucia die heilige Stunde hielt.

9.1 Das Geheimnis

Hier geht es um das Geheimnis der Heiligsten Dreifaltigkeit, um die Wesenheit der drei Personen.

Schwester Lucia berichtet:

„Ich hatte von meinen Oberinnen und meinem Beichtvater die Erlaubnis erbeten und erhalten, jeweils in der Nacht vom Donnerstag auf Freitag von elf Uhr bis Mitternacht eine heilige Stunde zu halten. Eines Nachts war ich allein. Ich kniete mich an das Geländer in der Mitte der Kapelle, um die Gebete des Engels zu beten. Da ich mich müde fühlte, richtete ich mich auf und betete weiter mit ausgebreiteten Armen. Nur das ewige Licht brannte.

Plötzlich erhellte sich die ganze Kapelle durch ein übernatürliches Licht und auf dem Altar erschien ein Kreuz aus Licht, das bis zur Decke reichte. In einem klaren Licht sah man im oberen Teil des Kreuzes das Antlitz und den Oberkörper eines Menschen, über der Brust eine Taube, ebenfalls aus Licht, und an das Kreuz genagelt den Körper eines anderen Menschen. Ein wenig unterhalb der Taille, in der Luft schwebend, sah man den Kelch und eine große Hostie, auf die einige Tropfen Blut fielen, die vom Angesicht des Ge-

kreuzigten und aus einer Brustwunde herabliefen. Von der Hostie herabgleitend, fielen diese Tropfen in den Kelch.

Unter dem rechten Arm des Kreuzes stand Unsere Liebe Frau. Es war Unsere Liebe Frau von Fatima mit ihrem Unbefleckten Herzen. In der linken Hand ohne Schwert und Rosen, jedoch mit einer Dornenkrone und Flammen ... Unter dem linken Arm des Kreuzes bildeten einige große Buchstaben, die auf den Altar zuliefen, gleichsam als wären sie aus kristallklarem Wasser, die Worte: **‚Gnade und Barmherzigkeit'.**

Ich verstand, dass mir das Geheimnis der Heiligsten Dreifaltigkeit gezeigt worden war, das zu offenbaren mir nicht gestattet ist" [79].

9.2 Die Botschaft

„Danach sagte unsere Liebe Frau: *Es ist der Augenblick gekommen, in dem Gott den Heiligen Vater auffordert, in Vereinigung mit allen Bischöfen der Welt die Weihe Russlands an mein Unbeflecktes Herz zu vollziehen. Er verspricht, es durch dieses Mittel zu retten. So viele Seelen werden von der Gerechtigkeit Gottes wegen der Sünden verdammt, die gegen mich begangen werden, so dass ich um Sühne bitte. Opfere dich in dieser Meinung auf und bete* "* [80].

9.3 Textanalyse

Hier unterstreicht Maria nochmals die Ernsthaftigkeit von Fatima. Wir wissen, dass Johannes Paul II. im Jahre 1984 die Bitte Marias erfüllt hat, indem er die ganze Welt dem Unbefleckten Herzen Marias geweiht hat. Denn die Weihe, die bereits 1982 vollzogen worden war, war unvollständig. Die heilige Jungfrau Maria hatte Schwester Lucia darüber informiert und eine neue Weihe gefordert.

---

[79] Sr. Lucia spricht über Fatima, 7. Aufl., Fatima 2001, 203
[80] Ebd., 204

10.   Dritter Teil des Geheimnisses von Fatima

Am 13. Mai 2000 wurde der dritte Teil des Geheimnisses von Fatima in Gegenwart von Johannes Paul II. und auf seinen Wunsch hin in Fatima veröffentlicht. Es geht um den dritten Teil des Geheimnisses, das am 13. Juli 1917 in der Cova da Iria, Fatima, offenbart wurde.

10.1   Die Botschaft

Schwester Lucia schreibt:

„Nach den zwei Teilen, die ich schon dargestellt habe, haben wir links von Unserer Lieben Frau etwas oberhalb einen Engel gesehen, der ein Feuerschwert in der linken Hand hielt; es sprühte Funken, und Flammen gingen von ihm aus, als sollten sie die Welt anzünden; doch die Flammen verlöschten, als sie mit dem Glanz in Berührung kamen, den Unsere Liebe Frau von ihrer rechten Hand auf ihn ausströmte: den Engel, der mit der rechten Hand auf die Erde zeigte und mit lauter Stimme rief: Buße, Buße, Buße!

Und wir sahen in einem ungeheuren Licht, das Gott ist: etwas, das aussieht wie Personen in einem Spiegel, wenn sie davor vorübergehen, einen in Weiß gekleideten Bischof, wir hatten die Ahnung, dass es der Heilige Vater war, verschiedene andere Bischöfe, Priester, Ordensmänner und Ordensfrauen einen steilen Berg hinaufsteigen, auf dessen Gipfel sich ein großes Kreuz befand aus rohen Stämmen wie aus Korkeiche mit Rinde. Bevor er dort ankam, ging der Heilige Vater durch eine große Stadt, die halb zerstört war, und halb zitternd mit wankendem Schritt, von Schmerz und Sorge gedrückt, betete er für die Seelen der Leichen, denen er auf seinem Weg begegnete.

Am Berg angekommen, kniete er zu Füßen des großen Kreuzes nieder.

Da wurde er von einer Gruppe von Soldaten getötet, die mit Feuerwaffen und Pfeilen auf ihn schossen. Genauso starben nach und nach die Bischöfe, Priester, Ordensleute und verschiedene weltliche Personen, Männer und Frauen unterschiedlicher Klassen und Positionen. Unter den beiden Armen des Kreuzes waren zwei Engel, ein jeder hatte eine Gießkanne aus Kristall in der Hand. Darin sammelten sie das Blut der Märtyrer auf und tränkten damit die Seelen, die sich Gott näherten" [81].

---

[81] Die Botschaft von Fatima, in: Verlautbarungen des Apostolischen Stuhls 2000, Nr. 147, 23
Die Kopie des Originaltextes, den Schwester Lucia handschriftlich am 03.01.1944 in Tuy niedergeschrieben hat, ist ebenfalls enthalten. Der erste Teil des Geheimnisses vom 13. Juli 1917 war die Vision der Hölle. Der zweite Teil des Geheimnisses betrifft die Sühnekommunion an den ersten fünf Samstagen des Monates und die Vorankündigung, dass am Ende das Unbefleckte Herz Marias triumphieren wird und dass der Heilige Vater Russland Maria weihen wird (vgl. a. a. O. 18).

10.2 Die Deutung der Botschaft bei Joseph Ratzinger/Benedikt XVI.

Joseph Ratzinger/Papst Benedikt XVI. verweist in einer Deutung, Bezug nehmend auf die ersten beiden Geheimnisse, auf das Schlüsselwort: „Seelen retten"[82]. Und er verweist, den dritten Teil des Geheimnisses betreffend, auf das in dreimaliger Wiederholung gegebene Schlüsselwort: „Buße – Buße – Buße"[83]. Er fasst die Gesamtbotschaft von Fatima in einem Dreischritt zusammen: „Buße – Umkehr – Glaube"[84].

Schwester Lucia spricht im dritten Geheimnis von einem in Weiß gekleideten Bischof und so fragt Joseph Ratzinger/Papst Benedikt XVI.: „Musste der Heilige Vater (Johannes Paul II.), als er sich nach dem Attentat vom 13. Mai 1981 den Text des dritten Geheimnisses vorlegen ließ, darin nicht sein eigenes Geschick erkennen?

Er war sehr nahe an der Grenze des Todes gewesen und hat selber seine Rettung mit den folgenden Worten gedeutet: ,… es war eine mütterliche Hand, die die Flugbahn der Kugel leitete und es dem Papst, der mit dem Tode rang, erlaubte, an der Schwelle des Todes stehen zu bleiben' (13. Mai 1994). Dass da eine ,mano materna' (mütterliche Hand) die tödliche Kugel doch noch anders geleitet hat, zeigt nur noch einmal, dass es kein unabänderliches Schicksal gibt, dass Glaube und Gebet Mächte sind, die in die Geschichte eingreifen können, und dass

---

[82] Joseph Ratzinger/Benedikt XVI., ebd. 40
[83] Ebd.
[84] Ebd.

am Ende das Gebet stärker ist als die Patronen, der Glaube mächtiger als Divisionen"[85].

Dieser dritte Teil des Geheimnisses unterstreicht noch einmal deutlich die Ernsthaftigkeit der vorangegangenen beiden Geheimnisse. Diese Situation, die Schwester Lucia schauen durfte, spiegelt keine Glückseligkeit wieder, sondern zeigt ein trauriges Geschehen.

10.3   Textanalyse

Das Schlüsselwort des dritten Geheimnisses von Fatima lautet also: Buße – Buße – Buße. Das bedeutet Umkehr und Versöhnung mit Gott, und zwar jetzt. Jetzt ist Buße angesagt. Denn „jetzt ist sie da, die Zeit der Gnade"[86].

Fatima ist ein einziger Aufruf zur Rettung der Seelen. Das betrifft die gesamte Menschheit. Das bedeutet für uns: Wir tragen Verantwortung für das Du. Wenn Gott uns ein Du schenkt, besteht unsere Aufgabe darin, dieses Du wieder zu Ihm zurückzuführen. Und das geschieht, indem wir das Du nicht in sich lieben, sondern in Gott – und nicht für uns, sondern für Gott.

Dadurch, dass wir das tun, werden wir diesem Du Gott zeigen und in diesem Du Gott sehen. Denn Fatima heißt Stellvertretung *für*. Stellvertretung heißt: Ich schenke mich stellvertretend hin für dich, und indem ich mich schenke für dich, sehe ich – in dir – das Antlitz Christi.

---

[85] Ebd., 44
[86] 2 Kor 6, 2b

Die Gottesliebe muss nicht nur, sie kann auch nur in der Nächstenliebe fruchtbar werden. So fragt uns Maria jetzt in diesem Augenblick: Wollt ihr euch Gott anbieten und für die Bekehrung der Sünder beten?

11.　　Fatima ist Barmherzigkeit Gottes Teil 1

In diesen folgenden vier Teilen wird noch einmal ganz konkret sichtbar, dass sich in den Botschaften Marias in Fatima Gottes große Barmherzigkeit mit dem Sünder offenbart.

11.1　　Das Engelgebet

Aber woran erkennen wir, dass die Botschaft von Fatima etwas mit der Barmherzigkeit Gottes zu tun hat?
Die Antwort auf diese Frage finden wir bei der Erscheinung des Engels in Fatima, und zwar in dem Gebet des Engels, bei dem wir in der zweiten Hälfte von Teil 1 des Engelgebetes beten:

„Ich bitte Dich um Verzeihung für jene,
die an Dich nicht glauben,
Dich nicht anbeten,
auf Dich nicht hoffen,
und Dich nicht lieben" [87].

11.2　　Textanalyse

In diesem Teil des Engelgebetes wenden wir uns bittend an den barmherzigen Gott, stellvertretend für die, die keine personale Beziehung zu Gott aufbauen wollen.
Und wir bitten Gott, Er möge gerade diesen Menschen, die Gott als Gott nicht anerkennen wollen, die Ihn nicht

---

[87] Sr. Lucia spricht über Fatima, 7. Aufl., Fatima 2001, 81

lieben wollen, die sogar Gott verneinen, Ihn ablehnen, die Ihm, unserem Gott, den Kampf angesagt haben, seine Barmherzigkeit erweisen. Er möge gerade sie in Sein barmherziges Herz legen.

Auch in der Litanei vom Heiligsten Herzen Jesu beten wir:
„Herz Jesu voll Güte und Liebe, Herz Jesu geduldig und voll Erbarmen, Herz Jesu, Du Sühne für unsere Sünden, erbarme Dich unser."

11.3   Fatima – Akt der Barmherzigkeit Gottes

So ist Fatima ein einziger Akt der großen Barmherzigkeit Gottes. Er, Jesus Christus, unser Erlöser, hat Seiner geliebten Mutter Maria Sein Ja zu Fatima gegeben. So – und nur so – konnte Maria in Fatima erscheinen. Und nur so konnte der Engel die Kinder dieses Engelgebet lehren.
Maria handelt immer in Übereinstimmung mit dem Willen ihres göttlichen Sohnes.

Maria will nichts anderes, als ihrem geliebten göttlichen Sohn Jesus Christus viele Seelen zuführen, d. h. viele Sünder wieder für ihren Sohn zurückgewinnen. Sie ist ja unsere Mutter.
Und es ist noch nicht zu spät.

Denn so betont Papst Benedikt XVI. in seinem Kommentar über die Ereignisse in Fatima: „Die Zukunft ist keineswegs unabänderlich determiniert, und das Bild, das die Kinder sahen, ist kein im Voraus aufgenommener Film des Künftigen, an dem nichts mehr geändert werden könnte. Die ganze Schauung ergeht überhaupt nur, um die Freiheit auf den Plan zu rufen und sie ins Positive zu wenden. Der Sinn der Schauung ist es eben nicht, einen Film über die unabänderlich fixierte Zukunft zu zeigen. Ihr Sinn ist genau umgekehrt, die Kräfte der Veränderung zum Guten hin zu mobilisieren"[88].

11.4 Die Mutterbeauftragung

Kommen wir nun zur Mutterbeauftragung Marias.
Diese große, einmalige, weltumspannende Mutterbeauftragung Marias fand unter dem Kreuz statt.

Bei Johannes lesen wir: „Als Jesus seine Mutter sah und bei ihr den Jünger, den Er liebte, sagte Er zu seiner Mutter: Frau, siehe, dein Sohn! Dann sagte Er zu dem Jünger: Siehe, deine Mutter"[89]!

Das ist die Mutterbeauftrag Marias für die gesamte Menschheit.
Diese Mutterbeauftragung Marias durch ihren göttlichen Sohn Jesus Christus gilt von da an durch die gesamte Erdenzeit hindurch. Maria ist von dieser Mutterbeauftragung an zuständig für *jeden* Menschen.
Sie ist nicht nur die Mutter der Christenheit, nein – sie ist die Mutter aller Völker und Nationen, unabhängig von der Glaubensüberzeugung oder der Religions- und Kul-

---

[88] Joseph Ratzinger/Benedikt XVI., Die Botschaft von Fatima, in: Verlautbarungen des Apostolischen Stuhls 2000, Nr. 147, 41
[89] Joh 19, 26

turzugehörigkeit. Bei Maria ist niemand ausgenommen. Wir alle sind ihre geliebten Kinder.

Die große, universale Mutterbeauftragung Marias hat für die ganze Menschheit uneingeschränkte Gültigkeit. Sie ist unabhängig davon, ob der Mensch überhaupt von der Existenz Gottes etwas weiß. Sie ist unabhängig davon, ob der Mensch glaubt oder nicht oder ob der Mensch Gott als Gott anerkennt oder nicht. Sie ist unabhängig davon, ob der Mensch Gott liebt oder ob er Gott negiert, d. h. verneint.

Maria ist die Mutter aller Menschenkinder durch die gesamte Erdenzeit hindurch.

So wie eine Mutter sich um ihr Kind Sorgen macht, so wie eine Mutter ihr Kind liebevoll pflegt und behütet, so wie eine Mutter jedes Unheil von ihrem Kind fernhalten will, so wie eine Mutter gerade das Kind, das ihr vielleicht den größten Kummer bereitet, mit der ganzen Kraft ihrer mütterlichen Liebe wieder zurückführen will – so und noch in einer ganz anderen Intensität will es Maria.

So geht Maria wie ihr göttlicher Sohn jedem ihrer Kinder mit mütterlicher Geduld und Liebe nach, besonders denen, die der Barmherzigkeit Gottes am meisten bedürfen.

Das ist die große Fatima-Bitte. Sie will vor allem – und das ist ihre Aufgabe – Seelen retten.

11.5   Seelen retten

Joseph Ratzinger/Papst Benedikt XVI. verweist in einer Deutung über die Botschaft von Fatima, wie schon erwähnt, auf das Schlüsselwort des ersten und zweiten Geheimnisses von Fatima. Dieses Schlüsselwort, so Benedikt XVI., heißt: „Seelen retten"[90].
Dieses Schlüsselwort „Seelen retten" ist nicht neu. Schon bei Petrus lesen wir:
„Ziel eures Glaubens ist die Rettung der Seelen"[91].

11.6   Das Jesus-Gebet

So hat Maria die drei Kinder Lucia, Jacinta und Francisco bei ihrer Erscheinung am 13. Juli 1917 in Fatima folgendes Gebet gelehrt, das nach jedem Rosenkranzgesetz gebetet werden soll:

„O mein Jesus, verzeih uns unsere Sünden,
bewahre uns vor dem Feuer der Hölle,
führe alle Seelen in den Himmel, besonders jene,
die Deiner Barmherzigkeit am meisten bedürfen." [92].

Auch die Aufforderung zum Beten ist nicht neu. Denn auch bei Paulus lesen wir im Kolosserbrief:
„Lasst nicht nach im Beten; seid dabei wachsam und dankbar" [93]!

---

[90] Joseph Ratzinger/Benedikt XVI., Die Botschaft von Fatima, in: Verlautbarungen des Apostolischen Stuhls 2000, Nr. 147, 40
[91] 1 Petr 1, 9
[92] Mantke, Wolfram Eckhard, Die Erscheinungen der Hl. Maria in Fatima, Fatima 2005, 20

11.7   Das Gebet

Paulus gibt eine Erklärung zum richtigen Verhalten. Er mahnt: „Seid weise im Umgang mit den Außenstehenden"[94], d. h. also mit jenen, die noch nicht zum Glauben gekommen sind. Weiter mahnt Paulus: „Eure Worte seien immer freundlich, doch mit Salz gewürzt; denn ihr müsst jedem in der rechten Weise antworten können"[95].

11.8   Textanalyse

Zuerst ermahnt Paulus uns, dass wir im Beten nicht nachlassen sollen. Eine Regelmäßigkeit im Gebet bzw. eine feste Gebetszeit macht es uns einfacher, diesem Aufruf nachzukommen. Wenn Paulus sagt: „Lasst nicht nach im Beten", bedeutet das nicht, dass wir ununterbrochen beten sollen. Denn jeder muss seinen Gebetsrahmen so setzen, dass er auch seine täglichen Pflichten erfüllen kann. Andererseits ist es jedoch ratsam und heilsam, auch während der je individuellen Tätigkeit geistig mit Gott verbunden zu bleiben.

Sehr wichtig beim Beten ist die innere wache Sammlung des Betenden. Denn Gebet ist Beziehung mit Gott. Gebet ist Verabredung mit Gott. Und deshalb ist es wichtig, bei diesem persönlichen Treffen mit Gott geistig wach zu bleiben und das Herz Gott zu öffnen, um nicht nur Sprechende zu sein, sondern beim Beten zugleich auch Hö-

---

[93] Kol 4, 2
[94] Kol 4, 5a
[95] Kol 4, 6

rende zu werden. Hörend auf das, was Er uns während dieser persönlichen geistigen Begegnung vielleicht mitteilen will. D. h. für uns: Qualität geht vor Quantität. Das lesen wir bei Matthäus: „Wenn ihr betet, sollt ihr nicht plappern"[96].

Und Paulus gibt den guten Rat, Klugheit walten zu lassen bei denen, die noch nicht zum Glauben gekommen sind, und freundlich zu sein, d. h. die Worte richtig zu dosieren und die Worte richtig zu setzen. Das Salz steht für die Wahrheit. Denn die Wahrheit schmeckt nicht immer angenehm. Aber sie gibt, klug dosiert, unserem Wort die passende Würze.

11.9 Die Barmherzigkeit Gottes

Nun steht die Frage im Raum: Wer bedarf denn am meisten der Barmherzigkeit Gottes? Das sind gerade die, die sich von Gott bewusst abgewendet haben. Damit sie gerettet werden, müssen wir für diese Menschen ganz besonders beten. Maria sagt bei ihrer vierten Erscheinung in Fatima am 19. August 1917 zu den drei Kindern:

„Betet — betet viel und bringt Opfer für die Sünder,
denn viele Seelen kommen in die Hölle,
weil sich niemand für sie opfert und für sie betet" [97].

---

[96] Mt 6, 7a
[97] Sr. Lucia spricht über Fatima, 7. Aufl., Fatima 2001, 187

11.10   Auferstehung

Warum sagt Maria das? Und was interessiert *uns* das? Sind wir denn verantwortlich für die, die Gott nicht lieben wollen? Liegt es etwa an uns, wenn sie glauben, dass nach dem Tod sowieso alles aus und vorbei ist, da sie nach ihrem Verständnis nur Materie sind? Liegt es etwa an uns, wenn sie nicht glauben können oder nicht glauben wollen, dass sie etwas besitzen, das eben nicht mit dem Tod endet; und dass dieses „Etwas" ihre „Seele" ist und dass diese unsterblich ist?

Franz von Sales schreibt:

„Die Seele hat ihren Wohnsitz
im ganzen Körper des Menschen
ungeteilt – in jedem seiner Körperteile. Und
die Seele ist geistig, unteilbar und unsterblich"[98].

Und auch bei Aristoteles ist die Seele „das Lebensprinzip. Die Seele ist nicht Materialursache, also Formursache"[99]. Thomas von Aquin hat es auf den Punkt gebracht, indem er „an die aristotelische Philosophie anknüpfend, die Formel von der anima als ‚forma corporis' gebrauchte"[100], d. h., dass die Seele das Formprinzip des Leibes ist. So schenkt die Geistseele dem Menschen menschliches Sein. Sie kann nicht im Körper lokalisiert werden, denn

---

[98] Vgl. Franz von Sales (Tr. 1, 15) in: Jahrbuch für salesianische Studien, Bd. 13, Eichstätt 1976
[99] Aristoteles, Über die Seele, Hamburg 1995, 223
[100] Scheffczyk, Leo, Schöpfungslehre, Bd. 3, Aachen 1997, 253

„sie sitzt nicht im Herzen oder im Gehirn, sondern durchformt den Körper als ganzen"[101].

Tatsache des Glaubens ist, dass mit dem leiblichen Tod eines Menschen nicht alles aus und vorbei ist. Im Gegenteil: Der Tod ist das Tor zum Leben. Es ist kirchliche Lehre, dass sich die Auferstehung auf den ganzen Menschen bezieht, d. h. der Mensch wird auferstehen in dem Leib, den er getragen hat, jedoch wird dieser Leib „in die Gestalt eines verherrlichten Leibes verwandelt werden"[102] in einen überirdischen Leib"[103]. Alle Menschen werden auferstehen, die Einen zum ewigen Leben mit Christus, die Anderen zur Verwerfung"[104]. Hier ist entscheidend, welche End-Entscheidung der Mensch in der Sterbesekunde getroffen hat. (S. Nr. 15.5 Die End-Entscheidung).

11.11   Nächstenliebe

Jetzt ist konsequente Nächstenliebe angesagt. Denn wir wollen doch, dass möglichst viele auferstehen zum ewigen Leben mit Christus. Und deshalb können und dürfen wir auf gar keinen Fall die Bitte Marias in Fatima, für die Bekehrung der Sünder zu beten und zu opfern, ignorieren! Wir müssen vielmehr alles, was uns möglich ist tun, damit möglichst viele Menschen gerettet werden!

---

[101] Rager, Günter, in: Hirnforschung und Menschenbild, Basel 2007, 156
[102] Vgl. Phil 3,21
[103] Kor 15,44
[104] Vgl. DH 801; KKK 997, 998, 999: Christus ist mit seinem eigenen Leib auferstanden: „Seht meine Hände und meine Füße an: Ich bin es selbst." (Lk 24, 39)

Gott fordert von uns unbedingte Nächstenliebe.
Einst werden wir uns vor Ihm verantworten müssen.

Paulus schreibt:
„Wer den Nächsten liebt, hat das Gesetz erfüllt"[105]. D. h.
wer den Nächsten liebt,
erfüllt den Willen des barmherzigen Gottes.

Paulus bringt es auf den Punkt:
„Wir, die Starken,
müssen die Schwächen der Schwachen tragen
und dürfen nicht nach unserem Belieben handeln"[106].

---

[105] Röm 13, 8b
[106] Röm 15, 1

12. Fatima ist Barmherzigkeit Gottes - Teil 2

In diesem Teil geht es primär um das Herz an sich.
Dabei werfen wir einen kurzen Blick auf die Herzen von
Jesus und Maria und auf das normale menschliche Herz
und stellen kurz die Eigentümlichkeiten und Unterschiede vor.

12.1 Das Engelgebet – Teil 2

Wir beginnen heute mit dem zweiten Teil des Engelgebetes:

„Heiligste Dreifaltigkeit Vater – Sohn – und Heiliger Geist,
in tiefer Ehrfurcht bete ich Dich an
und opfere Dir auf den kostbaren Leib und das Blut,
die Seele und die Gottheit Jesu Christi,
gegenwärtig in allen Tabernakeln der Erde,
zur Wiedergutmachung für alle Schmähungen, Sakrilegien und
Gleichgültigkeiten, durch die Er selbst beleidigt wird.
Durch die unendlichen Verdienste seines Heiligsten Herzens
und des Unbefleckten Herzens Marias
bitte ich Dich um die Bekehrung der armen Sünder" [107].

---

[107] Mantke, Wolfram Eckhard, Die Erscheinungen der Hl. Maria in Fatima, Fatima 2005, 8

12.2 Die Herzen von Jesus und Maria

In diesem Teil des Engelgebetes werden die beiden Heiligsten Herzen von Jesus und Maria angerufen, um die Beleidigungen, die dem Herrn zugefügt werden, wiedergutzumachen. Die beiden Herzen von Jesus und Maria, die untrennbar verbunden sind, werden um Hilfe gebeten, damit die Sünder sich wieder mit Gott versöhnen lassen.

12.3 Das menschliche Herz bei Joseph Ratzinger/Benedikt XVI. ˙

Es folgt ein kurzer Exkurs über das menschliche Herz. Joseph Ratzinger/Papst Benedikt XVI. gibt eine Erklärung über den Stellenwert des menschlichen Herzens in der Schrift: „Herz bedeutet in der Sprache der Bibel die Mitte der menschlichen Existenz, das Zusammenströmen von Verstand, Wille, Gemüt und Sinnen, in dem der Mensch seine Einheit und seine innere Richtung findet"[108].

Das bedeutet, dass der Mensch in seinem menschlichen Herzen seine Identität, seine Mitte findet.

---

[108] Joseph Ratzinger/Benedikt XVI., Die Botschaft von Fatima, in: Verlautbarungen des Apostolischen Stuhls 2000, Nr. 147, 40

12.4 Das menschliche Herz bei Franz von Sales

Auch Franz von Sales hat sich intensiv mit dem menschlichen Herzen befasst. Dabei geht es ihm vor allem um das Zusammenwirken bzw. das Aufeinander-bezogen-Sein der Kraft der Liebe und der Kraft des Herzens. Die Kraft der Liebe bestimmt die Kraft des Herzens. Oder anders ausgedrückt:
Je stärker die Liebe – umso stärker das Herz[109].
Es ist das Herz, das die Entscheidung trifft: „für oder gegen".

12.5 Das Unbefleckte Herz Marias bei Joseph Ratzinger/Benedikt XVI.

Kommen wir nun zum Unbefleckten Herzen Marias. Joseph Ratzinger/Papst Benedikt XVI. gibt folgende Erklärung hierzu:

„Das Unbefleckte Herz Marias ist gemäß Mt 5,8 ein Herz, das ganz zu seiner inneren Einheit von Gott her gefunden hat und daher ,Gott sieht'. ,Devozione' (Verehrung) zum Unbefleckten Herzen Marias ist daher Zugehen auf diese Herzenshaltung, in der das ,Fiat' –

---

[109] Vgl. Jahrbuch für salesianische Studien, Eichstätt 1966, Band 4, 160f. Siehe auch ebd., Anm. 73, Jacques Leclercq: „Der hl. Franz von Sales … wendet sich an das Herz. Nach ihm ist es die Liebe, die den Menschen leitet", sowie ebd., Anm. 74, Guardini: „Die Kräfte des Herzens sind die Kräfte der Liebe. Damit steht Franz von Sales in der abendländischen Tradition der philosophia und theologia cordis".

Dein Wille geschehe –
zur formenden Mitte der ganzen Existenz wird"[110].
Wenn wir also das Unbefleckte Herz Marias verehren, strömt von der Herzenshaltung Marias auch etwas auf unser Herz über, d. h. die Strahlkraft des Unbefleckten Herzens Marias erwärmt auch unsere kalten, sündigen Herzen und führt sie so zu Christus hin.

12.6   Das Unbefleckte Herz Marias bei Scheeben

Der große Dogmatiker Scheeben führt aus:
„Bei Maria ist das Herz das Lebenszentrum ihrer Person und repräsentiert als solches ihren mütterlichen Personalcharakter, da das Herz das Organ der leiblichen wie auch der geistlichen Mutterschaft ist"[111].
Es ist das Unbefleckte Herz der Mutter, das sich ununterbrochen um das Heil der Kinder sorgt.

12.7   Das Herz Jesu

Kommen wir nun zum Heiligsten Herzen Jesu. Es sind ja diese beiden Herzen von Jesus und Maria, die wir um ihrer Verdienste willen anrufen und sie bitten, die Sünder zu bekehren. Im Heiligsten Herzen Jesu hat sich unüberbietbar die Erlöserliebe Christi zu uns Menschen offenbart. Das Herz Jesu ist das vollkommenste Symbol der Erlöserliebe Christi zu uns Menschen. In der Herz-Jesu-Litanei beten wir: „Herz Jesu, Du brennendes Herz der Liebe." Generell gilt, dass das Herz der Sitz der Liebe ist.

---

[110] Joseph Ratzinger/Benedikt XVI., Die Botschaft von Fatima, in: Verlautbarungen des Apostolischen Stuhls 2000, Nr. 147, 40
[111] Scheeben-Feckes, Die bräutliche Gottesmutter, Essen 1951, 226

Aus Liebe hat uns Christus erlöst. Und weil einzig Liebe das Motiv der Erlösung ist, wird dem Herzen Jesu besondere Liebe und Verehrung erwiesen.

Johannes schreibt: „Denn Gott hat die Welt so sehr geliebt, dass Er seinen einzigen Sohn hingab, damit jeder, der an Ihn glaubt, nicht zugrunde geht, sondern das ewige Leben hat"[112]. „Die Liebe Gottes wurde unter uns dadurch offenbart, dass Gott seinen einzigen Sohn in die Welt gesandt hat, damit wir durch Ihn leben"[113].
In dieser Erlöserliebe Gottes zeigt sich das Herz Jesu. Sein Herz ist offen für die gesamte Menschheit.

Auch die Kirche ehrt und verehrt in ihrem Gebet das Herz Jesu. Höchste Ehre wird dem Herzen Jesu zuteil. Denn: „Die Kirche betet das Mensch gewordene Wort und sein Herz an, das sich aus Liebe zu den Menschen von unseren Sünden durchbohren ließ"[114].

Über das Herz Jesu führt Papst Pius VI. aus, „dass das Herz Jesu eben nicht von der Gottheit getrennt oder losgelöst wird, sondern dass das Herz mit der Person des Logos unzertrennlich vereinigt ist"[115]. Es ist das Herz Jesu, das ununterbrochen geöffnet ist, um den Sünder liebevoll einzulassen, um dem Sünder das Heil zu schenken. Gott ist großzügig und geduldig, das erfahren wir bei

---

[112] Joh 3, 16
[113] 1 Joh 4, 9
[114] KKK, München 2005, 2669
[115] Vgl. DH, 40. Aufl., Freiburg 2005, 2663

Matthäus, wo es heißt: „Das zerknickte Rohr zerbricht Er nicht, den glimmenden Docht löscht Er nicht aus"[116].

Das bestätigt auch Joel, wenn er behauptet: „Kehrt um zum Herrn, eurem Gott, denn Er ist gnädig und barmherzig, langmütig und reich an Güte"[117].

12.8 Neuanfang bei Paulus

Und vergessen wir nicht, wir alle bedürfen ständig der Barmherzigkeit Gottes, denn um uns würde es sehr negativ bestellt sein, würde sich der barmherzige Gott nicht immer wieder neu, und zwar täglich und bei jeder Beichte, unserer Schwächen und Verfehlungen großzügig erbarmen und immer wieder einen Neuanfang setzen.

Denn, das lesen wir bei Paulus: „Wenn also jemand in Christus ist, dann ist er eine neue Schöpfung: Das Alte ist vergangen, Neues ist geworden"[118].

---

[116] Mt 12, 20
[117] Joel 2, 13b
[118] 2 Kor 5, 17

12.9   Neuschöpfung

Bei jeder Beichte, da, wo wir unsere Sünden aufrichtig bekennen und bereuen, geschieht Neuschöpfung.

So betont Paulus weiter: „Ja, Gott war es, der in Christus die Welt mit sich versöhnt hat, indem er den Menschen ihre Verfehlungen nicht anrechnete und uns das Wort von der Versöhnung anvertraute"[119].

So wie Er sollen auch wir es tun. Wir haben den Auftrag, dafür Sorge zu tragen, dass viele Menschen eine „neue Schöpfung" werden.

Titus schreibt: „Als aber die Güte und Menschlichkeit Gottes, unseres Retters, erschien, hat Er uns gerettet – nicht weil wir Werke vollbracht hätten, die uns gerecht machen können, sondern aufgrund seines Erbarmens – durch das Bad der Wiedergeburt und die Erneuerung im Heiligen Geist. Ihn hat Er in reichem Maß über uns ausgegossen durch Jesus Christus, unseren Retter, damit wir durch Seine Gnade gerecht gemacht werden und das ewige Leben erben"[120].

12.10   Fatima – Neubeginn

Jetzt geht es darum, dass wir bei uns selbst einen Neuanfang setzen. Dieser Neuanfang betrifft unser ganzes Sein, unseren Alltag, die alltäglichen Pflichten, unsere Umgebung, unsere Beziehungen. Er soll hineinwirken in unsere

---

[119] 2 Kor 5, 19
[120] Tit 3, 4-7

Herzen und so hineinwirken in unsere Familien, in die gesamte Sippe, in unser berufliches Umfeld etc.

Jesaja schreibt:
„Denkt nicht mehr an das, was früher war; auf das, was vergangen ist, sollt ihr nicht achten. Seht her – nun mache ich etwas Neues. Schon kommt es zum Vorschein, merkt ihr es nicht"[121]?

Mit Fatima hat Gott einen Neuanfang gesetzt.
Merkt ihr es nicht, dass mit Fatima und in der Folge von Fatima sich sehr viele Gebetsgruppen gebildet haben, die rund um den Globus intensiv für die Bekehrung der Sünder beten und Opfer bringen?
Ja – merkt ihr es denn immer noch nicht?

12.11   Opfer

Kommen wir nun zu einem nicht so beliebten Thema, und zwar geht es um das Opfer.
Da stellt sich zunächst die Frage: Was ist ein Opfer – oder was sollen wir tun? Es gibt viele Arten von Opfer. Eine davon möchte ich kurz herausgreifen, weil sie in unseren Alltag sehr gut hineinpasst.
Z. B. wenn in Ihrer näheren Umgebung, in der Familie oder in der Sippe oder am Arbeitsplatz oder in der Nachbarschaft jemand ist, der Ihnen Unrecht tut, Sie beleidigt, Sie verleumdet etc., und wenn Sie dann hingehen und sich nicht auf einen Streit einlassen, wenn Sie nicht Ihr Recht einfordern, sondern wenn Sie Frieden halten – und

---

[121] Jes 43, 18-19

für diesen betreffenden Menschen beten und das Unrecht, das man Ihnen antut, im Sinne von Fatima aus Liebe zu Jesus und in Liebe (auch wenn es sehr schwer fällt) für die Bekehrung der Sünder oder auch für die Bekehrung eines bestimmten Menschen aufopfern, dann geschieht – Neuschöpfung.

Dann wird dieser Mensch, für den Sie Ihr Leiden konkret aufgeopfert haben, von Gott neu geschaffen. Dann erfüllt sich die Bitte Marias von Fatima. Dann geschieht die Bekehrung des Sünders. Denn Fatima heißt Neuanfang. Neuanfang heißt Versöhnung mit dem barmherzigen Gott. Und damit möglichst viele Menschen umkehren, ihre alten Gewohnheiten aufgeben und sich auf den neuen Weg begeben, auf den Weg der Nächstenliebe, des Verzeihens, des Friedens und so auf den Weg der Gottesliebe –, bittet Maria uns jetzt, alles, was in unseren Kräften steht, für die Bekehrung des Sünders zu tun.

Denn der Weg der Gottesliebe führt immer über den Weg der Nächstenliebe.
Oder anders ausgedrückt: Die Gottesliebe muss sich messen lassen an der Nächstenliebe. D. h.: ohne Nächstenliebe – keine Gottesliebe, das bedeutet, wer den Nächsten nicht liebt, kann auch Gott nicht lieben.
Noch einmal verstärkt ausgedrückt bedeutet das, wer den Nächsten nicht liebt, den er sieht, kann Gott nicht lieben, den er nicht sieht.

12.12 Glaube ohne Werke ist tot

Was mit dieser Aussage konkret gemeint ist, erklärt Jakobus sehr eindeutig; er schreibt: „Was nützt es, wenn einer sagt, er habe Glauben, aber es fehlen die Werke? Kann etwa der Glaube ihn retten? Wenn ein Bruder oder eine Schwester ohne Kleidung ist und ohne das tägliche Brot und einer von euch zu ihnen sagt: Geht in Frieden, wärmt und sättigt euch, ihr gebt ihnen aber nicht, was sie zum Leben brauchen – was nutzt das? So ist auch der Glaube für sich allein tot, wenn er nicht Werke vorzuweisen hat. (…)
Wurde unser Vater Abraham nicht aufgrund seiner Werke als gerecht anerkannt?
Denn er hat seinen Sohn Isaak auf den Altar gelegt.
Du siehst, dass bei ihm der Glaube und die Werke zusammenwirkten und dass erst durch die Werke der Glaube vollendet wurde"[122].

Denn wie der Körper ohne den Geist tot ist, so ist auch der Glaube ohne Werke tot.
Im Gehorsam des Glaubens – denn der Gehorsam ist eine Frucht des Glaubens – machte Abraham sich mit Isaak auf den Weg. Aber der Herr schenkte Abraham seine Barmherzigkeit.

Auch Fatima ist Barmherzigkeit Gottes.
Die Barmherzigkeit Gottes fordert die Nächstenliebe.
Fatima ist Nächstenliebe.

13. Fatima ist Barmherzigkeit Gottes – Teil 3

Hier befassen wir uns mit der Barmherzigkeit an sich und zeigen auf, dass die Barmherzigkeit Gottes zu uns Menschen konform geht mit seiner Liebe zu uns und dass natürlich die Gnade, die Er uns schenkt, hierbei eine wichtige Rolle einnimmt.

13.1 Der Begriff Barmherzigkeit

Was sagt das Lehramt der katholischen Kirche über den Begriff der Barmherzigkeit Gottes aus?
Bei dem großen Dogmatiker Scheeben lesen wir über den Namen Barmherzigkeit Folgendes: „Der Begriff Barmherzigkeit ist der inhaltsreichste, schönste, lieblichste, und zwar deshalb, weil das Wort oder der Begriff Barmherzigkeit in sich viele positive Begriffe in ihrer Bedeutung vereinigt.

Denn unter Barmherzigkeit verstehen wir nicht nur, dass in ihr Großmut – Gnädigkeit – und die Menschenfreundlichkeit zum Tragen kommen, sondern auch, dass im weitesten Sinn die Freizügigkeit oder Großzügigkeit Gottes in der Barmherzigkeit enthalten ist"[123].

Das bedeutet, dass Gott uns sehr großzügig und freizügig behandelt, denn Er misst nicht mit menschlichem Maß.

---

[122] Jak 2, 14-17.21-22
[123] Vgl. Scheeben, Handbuch der Katholischen Dogmatik, Bd. 2, Freiburg 1943, 265, Nr. 620

Sondern Gott misst mit göttlichem, großzügigem und einem sich dem Sünder voll Liebe erbarmenden Maß.

„Denn die Nachsichtigkeit Gottes gegenüber dem Sünder wird in der Heiligen Schrift bald Milde (clementia) oder Sanftmut (mansuetudo), bald Geduld (patientia) und Langmut (longanimitas) genannt"[124].

13.2 Die Barmherzigkeit Gottes

Die Barmherzigkeit Gottes manifestiert sich von seiner Liebe zu uns Menschen aus.

Generell gilt, dass die Barmherzigkeit eine Frucht der Liebe ist. Denn die Liebe geht der Barmherzigkeit voraus. Die Liebe ist der Grund, aus dem die Barmherzigkeit strömt, sie ist die Quelle, aus der die Barmherzigkeit fließt.

In seiner großen Barmherzigkeit offenbart sich der menschenfreundliche Gott.

Im Buch der Weisheit lesen wir: „Weil du über Stärke verfügst, richtest du in Milde und behandelst uns mit großer Nachsicht"[125].

Der starke, allmächtige Gott tritt uns entgegen als der milde und gütige Gott, als der Gott des Erbarmens.

Im Buch Sirach lesen wir: „Der Herr hat mit ihnen (d. h. mit den Menschen) Geduld und Er gießt über sie Sein Erbarmen aus"[126].

---

[124] Vgl. ebd.
[125] Weish 12, 18a

Auch der Psalm 136 ist eine einzige Danklitanei auf die huldvollen Taten Gottes.

Denn im ständig sich wiederholenden Refrain heißt es: „Denn seine Huld währt ewig"[127].

Im Neuen Testament begegnet uns bei Johannes die Aussage: „Jesus – als der gute Hirt, der sein Leben hingibt für seine Schafe"[128]. Weiterhin begegnet uns der barmherzige Gott bei Markus: „Nicht die Gesunden brauchen den Arzt, sondern die Kranken. Ich bin gekommen, um die Sünder zu rufen, nicht die Gerechten"[129].

Die Kranken sind die Sünder, die Jesus heilen und in Seinen Stall zu Seinen Schafen zurückführen will. Es sind die Sünder in der Botschaft Marias von Fatima, für die wir beten und Opfer bringen sollen. Denn: „Der Menschensohn ist gekommen, um zu suchen und zu retten, was verloren ist"[130].

Was erkennen wir daraus? Wir sehen, dass Jesus dem armen Sünder nachgeht, um ihn wieder neu einzugliedern in seinen Leib. Sein Leib – das ist die Kirche.

Johannes schreibt: „Gott hat seinen Sohn nicht in die Welt gesandt, damit er die Welt richtet, sondern damit die Welt durch ihn gerettet wird"[131].

---

[126] Sir 18, 11
[127] Vgl. Ps 136
[128] Vgl. Joh 10, 11
[129] Mk 2, 17
[130] Lk 19, 10
[131] Joh 3, 17

Genau hier scheint die Fatima-Bitte im Gebet des Engels auf, wo es heißt: „Ich bitte Dich um Verzeihung für jene, die an Dich nicht glauben, Dich nicht anbeten, auf Dich nicht hoffen und Dich nicht lieben."

In dieser Fatima-Bitte geht es um das verlorene Schaf. Hier geht es um den Kranken, der den Arzt braucht, damit er wieder heil wird. D. h. es geht bei der Botschaft von Fatima darum, dass der barmherzige Gott sein Erbarmen mit den armen Sündern hat.

Und wir haben soeben an den vielen Textverweisen gesehen, dass die Barmherzigkeit Gottes bzw. dass das Erbarmen Gottes mit uns Menschen schon im Alten und Neuen Testament grundgelegt ist. Auch Cyrill von Jerusalem bekennt: Selbst wenn ein ganzes Volk sündigt, wird die Liebe zu den Menschen nicht besiegt.

Was bedeutet das für uns hier und jetzt?

Das bedeutet nichts anderes, als dass es wirklich nichts gibt, was Gott uns *nicht* verzeihen könnte. Ach – wären wir doch nicht so stolz. Ach – würden wir Ihn, den barmherzigen Jesus, doch um Verzeihung bitten und Ihm die Tür unseres Herzens öffnen, damit Er eintreten und unser sündiges Herz eintauchen kann in Seine nie endende Barmherzigkeit, damit Er uns wieder fähig macht, Ihn zu lieben. Denn Er – der barmherzige Gott – will nichts anderes, als von uns geliebt werden.

13.3 Misericordia

Misericordia, die Barmherzigkeit des Herren, Sein Erbarmen mit uns durchzieht wie ein roter Faden den gesamten Text. Das Wort Barmherzigkeit steht für Milde, Nachsicht, Herzensgüte, Seelengüte, Gnade. D. h. der Herr hat Erbarmen mit uns. Er will uns retten. Sein Erbarmen gilt besonders dem, der es sehr notwendig hat, denn gerade für den Sünder ist Er gestorben, hat Er sein Leben hingegeben.

„Ich bin gekommen, um die Sünder zur Umkehr zu rufen, nicht die Gerechten"[132].

Andererseits hält Gott sich an unseren freien Willen gebunden, denn „Liebe kann und wird um den anderen werben, zwingen kann und will sie ihn nicht. Gottes Liebe will also erwidert werden; sie kann aber vom Menschen auch ignoriert und zurückgewiesen werden. Da wir auf Gottes Liebe hin geschaffen sind, bedeutet die Abweisung der Liebe Gottes die Selbstverneinung des Menschen und damit das Unglück des Menschen, theologisch gesprochen: den Verlust seiner Seligkeit. (…) Unsere Lebensentscheidung ist eine Entscheidung auf Leben und Tod"[133].

Und Gott möchte, dass wir uns für Ihn, für das Leben entscheiden. Denn Er hat sich für uns geopfert, damit wir leben. Er ist es, auf den wir unsere ganze Hoffnung setzen können. Im Vaterunser beten wir inständig, dass sein Reich kommen möge, dass Er uns unsere Schuld verge-

---

[132] Lk 5, 32
[133] Walter Kasper, Barmherzigkeit, Freiburg 2012, 108

ben möge, denn Er ist der Gott, der Erbarmen mit uns, mit unseren Fehlern und Schwächen hat. Der betende Mensch ist zugleich ein Hoffender.

Voll Hoffnung schenkt er sich in die Arme Gottes. „Der Beter sieht Gott und erfährt, dass er mehr nicht braucht, dass ihm in der Berührung mit Gott alles, das wirkliche Leben, geschenkt ist"[134].

Gott ist das „Misericordia", Er ist das Erbarmen selbst. „Die Wahrheit (...) ist selbst aufgebrochen, ihn (den Menschen) zu retten"[135].

Jeder Mensch ist von Gott geliebt, ist Gottes geliebtes Kind. Und „Barmherzigkeit ist freie und freigiebige, nicht geschuldete, liebend-vergebende Hinwendung Gottes zum Geschöpf"[136].

Es gilt, diese Liebe, diese Hinwendung Gottes zu uns erfahrbar zu machen. Fatima hat diese große Aufgabe. Denn „Gott fordert vom Menschen Barmherzigkeit, empfangene Barmherzigkeit verpflichtet den Empfänger, Barmherzigkeit hat nach dem Tun-Ergehen-Zusammenhang positive Folgen"[137].

In der Botschaft Marias an die Kinder, Werkzeug Gottes zu sein, für die Bekehrung der Sünder zu beten und zu opfern, leuchtet das „Misericordia" Gottes auf.

---

[134] Joseph Ratzinger/Benedikt XVI., Gesammelte Schriften, Auferstehung und ewiges Leben, Bd. 10, Freiburg 2012, 460
[135] Ebd., 209
[136] LThK, Bd. 2, Freiburg 2006, 15
[137] Ebd., 14

13.4   Jesus und das Liebesgebet

Dass Gott die Liebe ist, eröffnet Er uns in diesen wunderbaren Zeilen. Der Gebetstext lautet wie folgt:

„Liebe mich so, wie du bist.
Ich kenne dein Elend,
die Kämpfe,
die Drangsale deiner Seele,
die Schwächen deines Leibes.
Ich weiß auch um deine Feigheit,
deine Sünden,
und trotzdem sage ich dir:
‚Gib mir dein Herz,
liebe mich, so wie du bist'" [138].

Dieser Text sagt nicht nur aus, dass jeder Mensch, der hier auf Erden lebt, Hoffnung auf Rettung haben kann, nein – das wäre nur die halbe Wahrheit. Tatsache ist, dass Jesus dir klarmachen will, „wenn du mir dein Herz gibst, wenn du mich liebst, übernehme ich die Verantwortung für das weitere Gelingen deines Lebens!"

Das erinnert an Augustinus' Spruch: „Liebe und tu, was du willst." Hier ist natürlich nicht die egoistische, begehrende Liebe gemeint – sondern die sich an das Du verschenkende Liebe.

---

[138] Gebetstext-Auszug aus „Ecce Mater Tua" Nr. 268 (Mons. Lebrun)

13.5 Exkurs: Über die Liebe

Die Griechen haben drei verschiedene Ausdrücke für Liebe: Eros – Philia – Agape.

Eros:

„Die Griechen verstehen unter Eros die Liebe zwischen Mann und Frau, die nicht aus Denken und Wollen kommt, sondern den Menschen gleichsam übermächtigt"[139].

Philia:

„Philia steht für Freundschaft. Sie finden wir bei Johannes. Sie drückt das Verhältnis zwischen Jesus und seinen Jüngern aus "[140].

Agape:

„Hierunter verstehen wir die Liebe, die sich um das ‚Du' sorgt. Die Liebe, die nicht mehr nur um sich selbst kreist, sondern die Liebe, die das Ich freigibt zur Hingabe an das Du"[141]. Hierbei müssen wir unweigerlich an Maria denken. Sie hat sich mit ihrem „Fiat" ganz dem Herrn übergeben. Nichts hat sie für sich behalten. Ihr ganzes Sein, ihre ganze Identität, also sich selbst, hat sie Ihm übergeben. Und diese „Selbstaufgabe" Marias erfährt noch einmal eine Erhöhung, wird noch einmal überboten unter dem Kreuz, wo Jesus seine Mutter der gesamten Menschheit als Mutter zurückschenkt.

---

[139] Vgl. Ratzinger/ Benedikt XVI., Enzyklika: DEUS CARITAS EST, Freiburg 2006, 14f
[140] Vgl. ebd., 15
[141] Vgl. ebd., 21

Denn: „Was Maria ist, ist sie durch Christus; was sie tut, tut sie durch Christus. Sie hat ihre Identität in, mit und durch Christus, nicht durch sich selbst. Das aber schließt in sich: Sie hat ihre Identität durch die Teilnahme an der erlöserischen Liebe, welche der Existenzsinn Jesu war und seine himmlische Herrlichkeit bestimmt"[142].

Stehen sich Eros und Agape als Gegensätze gegenüber?

Wenn wir über das Wesen der Liebe nachdenken, kommen wir zu den beiden Säulen der Liebe, nämlich Eros, der für die weltliche Liebe steht und als aufsteigende Linie gesehen wird, und Agape, die für die im Glauben fest verankerte Liebe steht und als absteigende Linie gilt. Das sieht alles sehr nach Gegensatz und Trennung aus.

„Fakt ist jedoch, dass im wirklichen Leben und im Aufeinanderzugehen beide nicht trennbar sind. Aus dem aufsteigenden Eros, der sich verlangend dem Du hingibt, entwickelt sich die zum Du hinabsteigende und sich um das Du sorgende Agape. Beide sind im Letzten nicht voneinander zu trennen. Weil es in einem gelungenen Leben immer um beide Säulen geht, und zwar um Empfangen und Hingabe"[143].

„Zuerst haben wir und empfangen wir die Liebe von Gott"[144]. Er hat uns zuerst beschenkt und geliebt und sich für uns hingegeben. So sind wir von Ihm Beschenk-

---

[142] Michael Schmaus, Der Glaube der Kirche V/5, 2. Aufl., St. Ottilien 1982, 306
[143] Vgl. ebd., 23
[144] Vgl. 1 Joh 4, 19

te. Und als von Ihm Beschenkte, mit Seiner Liebe Gefüllte, sind wir überhaupt erst fähig weiter zu schenken an das Du. Wir erleben das z. B. schon mit unserem Auto. Wenn wir es nicht immer wieder auftanken, kann es uns nicht mehr befördern. Genauso müssen auch wir ständig zu Ihm hin, zu den Sakramenten, zur Beichte und besonders oft zur heiligen Eucharistie, um uns wieder von Ihm auftanken zu lassen, damit wir als Beschenkte zu Schenkenden werden können.

13.6   Die Gnade Gottes bei Franz von Sales

Wie ist das mit der Gnade Gottes? Gott macht immer den ersten Schritt. Er kommt uns immer schon mit seiner erbarmenden Liebe entgegen. Der heilige Franz von Sales bringt es auf den Punkt, wenn er bemerkt: „Das Erste, wodurch Er uns zuvorkommt, geschieht durch Ihn – in uns und *ohne* uns. Alles andere aber geschieht durch Ihn auch in uns, aber nicht mehr ohne uns"[145].

Nachdem der Herr uns in einem ersten Schritt großzügig mit seiner Gnade zuvorgekommen ist, um uns an sich zu ziehen, erwartet Er in einem zweiten Schritt unsere freie Entscheidung: Wollen wir – oder wollen wir nicht.

---

[145] Jahrbuch für salesianische Studien, Bd. 4, Eichstätt 1966, 110

13.7 Die Gnade Gottes beim verlorenen Sohn

Ab dem zweiten Schritt geschieht also alles in „communio", d. h. in Gemeinschaft, mit dem Herrn. Wir wandeln uns von passiv Beschenkten in aktiv Beschenkte, d. h. mit der Gnade Mitwirkende.

Ein praktisches Beispiel, das Sie alle kennen, ist das Gleichnis vom verlorenen Sohn bei Lukas, wo der Vater dem verlorenen Sohn schon von Weitem entgegenkommt, schon „bevor" der Sohn den Vater um Verzeihung bittet. Aber dass der Sohn beschließt, sich aufzumachen und zu seinem Vater zu gehen, das verdankt er der ihm vom Vater schon zuvor geschenkten Gnade.

Der Sohn geht zum Vater, bekennt seine Schuld und bittet um Vergebung.

Hier beginnt die volle Aktivität des Sohnes. Hier wirkt er mit der ihm vom Vater zuvor geschenkten Gnade mit[146].

---

[146] Vgl. Lk 15, 11-32

13.8 Die Gnade Gottes bei Adrienne von Speyr

Adrienne von Speyr bringt es auf den Punkt, wenn sie bemerkt: „Die Gnade wirkt nicht ohne unsere Mitwirkung, aber diese selbst ist eine Wirkung der Gnade"[147]. Dass wir überhaupt mit der Gnade mitwirken können, ist eine Wirkung der Gnade.

Diese Behauptung wollen wir noch einmal kurz am Gleichnis vom verlorenen Sohn exponieren.
Dass der Sohn sich aufmacht und zum Vater zurückgeht und den Vater um Verzeihung bitten kann, ist ein Geschenk der Gnade. Leider sind aber viele Menschen nicht dazu bereit, die ihnen von Gott so großzügig geschenkte Gnade anzunehmen. Und deshalb ist Maria so traurig, weil wir die Hand, die der barmherzige Gott uns entgegenstreckt, nicht ergreifen.

13.9 Der Liebesanspruch Jesu

Eben haben wir gehört, dass Jesus von uns geliebt werden will. Diesen Liebesanspruch, den Jesus an uns richtet, sollen wir in unser Leben einbringen. Was ist damit gemeint bzw. was sollen wir tun? Hier geht es darum, dass wir, wenn wir etwas für Ihn tun, dies nicht einfach nur tun sollen, sondern die Tat mit der Absicht, Ihn zu lieben, verknüpfen sollen.

---

[147] Adrienne von Speyr, Magd des Herrn, 3. Aufl., Einsiedeln 1988,

Damit Er in unser „In-Liebe-Tun" seine Liebe hineinge-
ben kann. Damit in unserem „In-Liebe-Tun" nicht unsere, sondern einzig Seine Liebe aufstrahlt.

Denn was erbittet Maria in Fatima? „Sagt, wenn ihr ein
Opfer bringt: O Jesus, das tue ich aus Liebe zu Dir für die
Bekehrung der Sünder und zur Sühne für die Sünden
gegen das Unbefleckte Herz Marias"[148].

13.10 Die unüberbietbare Barmherzigkeit Jesu

In der folgenden Aussage leuchtet die unüberbietbare
Barmherzigkeit Gottes zu uns Menschen auf. Jesus sagt
zur Schwester Faustyna:

*„Keine Seele soll Angst haben, sich mir zu nähern, auch wenn ihre
Sünden rot wie Scharlach wären. Meine Barmherzigkeit ist so groß,
dass sie in der ganzen Ewigkeit durch keinen Verstand, weder von
Menschen noch von Engeln, ergründet werden kann"* [149].

Wir werden niemals die Größe der Barmherzigkeit Gottes auch nur denken können.

So hat Johannes Paul II. den Weißen Sonntag weltweit als
den Sonntag der Göttlichen Barmherzigkeit eingeführt.
Er starb am Vorabend zum Fest der Göttlichen Barmherzigkeit, am Samstag, den 02. April 2005.

---

[148] Mantke, Wolfram Eckhard, Die Erscheinungen der Hl. Maria in
Fatima, Fatima 2005, 20
[149] Schwester Maria Faustyna Kowalska, Tagebuch, 2. Aufl,
Hauteville 1991, 242

14. Fatima ist Barmherzigkeit Gottes - Teil 4

In diesem Abschnitt geht es im Wesentlichen um das Zusammenspiel von Barmherzigkeit – Hoffnung – Liebe.

14.1 Hoffnung auf Barmherzigkeit

Nun steht die Frage im Raum: Kann denn wirklich jeder Mensch mit einem großen Sündenregister noch auf das Erbarmen Gottes hoffen?

Es gibt so viele hoffnungslose Menschen – auch junge –, die glauben, dass für sie alles zu spät sei, die glauben, dass Gott ihnen nicht mehr verzeihen könnte. Gerade diesen armen Menschen ruft Jesus in seiner unüberbietbaren und von uns niemals zu ergründenden Barmherzigkeit zu: „Kommt, kommt zu mir, vertraut mir, versöhnt euch mit mir – ich warte auf euch. Denn gerade für euch bin ich am Kreuz gestorben. Denn gerade für euch habe ich mein Blut vergossen."

Jesus sagt zur Schwester Faustyna: „Die größten Sünder würden zu großer Heiligkeit gelangen, wollten sie nur Meiner Barmherzigkeit vertrauen"[150].

Jesus eröffnet Schwester Faustyna sein barmherziges Herz. Er zeigt ihr auf, dass Er gerade die Sünder retten will, und dass Er bei den Sündern ein anderes Maß setzt als bei den Gerechten.

---

[150] Ebd., 526

Er erklärt: „Je größer der Sünder, desto größer sein Anrecht auf Meine Barmherzigkeit. (…) Wer Meiner Barmherzigkeit vertraut, geht nicht verloren, denn alle seine Angelegenheiten sind die Meinen und seine Feinde zerschellen an Meinem Fußschemel"[151].

Jesus betont ausdrücklich sein Erbarmen gegenüber dem Sünder: „Ich bin Sündern gegenüber freigiebiger als Gerechten"[152]. Der Gerechte wird vor Gott einst stärker zur Verantwortung gezogen. Denn es gilt, je mehr Gnaden, je mehr Erkenntnis, d. h. je mehr Talente, Gott uns schenkt, umso mehr erwartet er von uns.

Jesus, der gekommen ist, um die Kranken zu heilen, beteuert: „Es gibt kein Elend, das sich mit meiner Barmherzigkeit messen könnte.

Ich bin lauter Liebe und Barmherzigkeit. Je größer das Elend, je größer das Recht auf meine Barmherzigkeit. Ich habe niemanden ausgeschlossen"[153].

Diese Jesus-Worte decken sich exakt mit den Aussagen Jesu im Alten und Neuen Testament. Im Buch der Weisheit lesen wir: „Der Geringste erfährt Nachsicht und Erbarmen"[154].

Und Matthäus berichtet: „Als Er (Jesus) die vielen Menschen sah, hatte Er Mitleid mit ihnen, denn sie waren

---

[151] Ebd., 247
[152] Ebd., 385
[153] Ebd., 358.384
[154] Weish 6, 6a

müde und erschöpft wie Schafe, die keinen Hirten haben"[155].

Gott hat ein so großes Herz. Jeder, der Gott aufrichtig um Verzeihung bittet, wird Barmherzigkeit erlangen.

Jesus sagt zur Schwester Faustyna: „Wer sein Vertrauen in Meine Barmherzigkeit gelegt hat, dessen Seele werde Ich in der Stunde des Todes mit Meinem Frieden erfüllen"[156].

14.2   Grenze der Barmherzigkeit

Aber jetzt müssen wir weiterdenken. Es steht unwillkürlich die Frage im Raum: Gibt es denn eine Grenze der Barmherzigkeit Gottes? Wie weit geht denn Gottes Barmherzigkeit?

Die Grenze der Barmherzigkeit Gottes setzt der Sünder selbst. Nicht Gott setzt sie. D. h. die Grenze der Barmherzigkeit Gottes ist gesetzt – unüberwindlich dort, wo der Sünder sich wissentlich und willentlich der Gnade und Barmherzigkeit Gottes verweigert. Die Grenze der Barmherzigkeit Gottes setzt der Sünder eigenmächtig dann, wenn er die Tür seines Herzens dem Gott, der sich seiner erbarmen und ihm verzeihen will, verschließt; der also Gott nicht einlässt und dessen Herz verhärtet ist.

---

[155] Mt 9, 36
[156] Schwester Maria Faustyna Kowalska, Tagebuch, 2. Aufl, Hauteville 1991, 453. Und weiter erklärt Jesus: „Ich habe mein Herz als lebendige Quelle der Barmherzigkeit geöffnet; mögen alle Seelen aus ihm Leben schöpfen; mögen alle Seelen dem Meer der Barmherzigkeit mit großem Vertrauen nahen", ebd.

Das bedeutet, dass jeder Mensch sich entscheiden muss, ob er mit Hilfe der Barmherzigkeit Gottes gerettet werden will oder ob er lieber durch die Gerechtigkeit Gottes gerichtet werden will. Die Frage ist aber, wer von uns vor der Gerechtigkeit Gottes bestehen kann.

Jesus erklärt dies Schwester Faustyna ausdrücklich: „Wer durch die Tür meiner Barmherzigkeit nicht eingeht, muss durch die Tür meiner Gerechtigkeit"[157]. Und er betont noch einmal ganz deutlich: „Barmherzigkeit besiegt die Gerechtigkeit"[158].

Und die Gnade und Barmherzigkeit Gottes kann auch dort nicht wirksam werden, wo der Mensch die Tür seines Herzens vor dem Nächsten, der in Not ist, verschließt. Denn wir lesen an mehreren Stellen im Neuen Testament: „Du sollst deinen Nächsten lieben wie dich selbst"[159].

Auch Paulus betont: „Die Liebe tut dem Nächsten nichts Böses"[160]. Und bei Matthäus wird dieses Liebesgebot gegenüber dem Nächsten noch einmal deutlich und klar erklärt: „Was ihr für einen Meiner geringsten Brüder getan habt, das habt ihr Mir getan"[161]. Die Gottesliebe ist verknüpft mit der Nächstenliebe. Diese Aussage finden wir auch im Vaterunser vor, wo wir beten: „Und vergib uns unsere Schuld, wie auch wir vergeben unseren Schuldigern."

---

[157] Ebd., 351
[158] Ebd., 465
[159] Mt 19, 19 ; Mk 12, 31; Röm 13, 9; Gal 5, 14; Jak 2, 8
[160] Röm 13, 10
[161] Mt 25, 40

Was bedeutet das konkret? Konkret bitten wir den Vater, uns genauso zu vergeben, wie wir selbst unseren Mitmenschen auch vergeben. Nicht weniger – aber auch nicht mehr. Das bedeutet, wenn wir nicht verzeihen, dann verzeiht Gott auch uns nicht. Ja, wir bitten Gott sogar darum, mit gleichem Maß zu messen, wie wir es mit unserem Nächsten tun.

14.3   Der Zweifel

Bei dem Zweifel an sich geht es um ein „Infragestellen von Annahmen"[162]. Bei den Menschen, die an der Existenz Gottes zweifeln, handelt es sich um einen Glaubenszweifel[163]. Und um diesen Glaubenszweifel geht es.
Die Barmherzigkeit Gottes kann auch da nicht wirksam werden, wo das Herz des Menschen an der Liebe und Barmherzigkeit Gottes zweifelt. Wenn der Mensch Gott nicht zutraut, dass Er ihn retten kann, dann kann er auch nicht gerettet werden. Wo der Hochmut des Menschen das liebevolle Verzeihen Gottes nicht zulässt, da muss der Mensch von Gott gerichtet werden, da kann die Barmherzigkeit Gottes nicht mehr agieren. Denn Gott kann den freien Willen des Menschen, die freie Entscheidung nicht negieren. So tötet der Glaubenszweifel die Hoffnung.

---

[162] Rehbus, Wulff D. (Hg.), HWPh, Göttingen 2003, 693
[163] Vgl. ebd.

14.4 Prinzip Hoffnung

Was ist Hoffnung? „Hoffnung ist Ausdruck der Zukunftsorientierung des Menschen. Sie besteht in der Einstellung und Stimmung, die das Gute anstatt des Schlechten erwartet"[164]. Die Hoffnung an sich begleitet uns durch unser Leben. „Das Prinzip Hoffnung ist immer dann gefragt bzw. wird immer dann beschworen, wenn man sich in Situationen, die nach menschlichem Ermessen aussichtslos sind, gleichwohl nicht aufgeben mag. Das Prinzip Hoffnung bezeichnet damit diejenige Haltung in der Akte des Hoffens"[165].

Es gibt ganz unterschiedliche Hoffnungen, zu diesen gehören z. B. die kleinen alltäglichen Hoffnungen, die wir gerne erfüllt sehen möchten. Nur diese Hoffnungen, auch wenn wir uns über ihre Verwirklichung freuen, sind uns nie genug. Wir benötigen ständig neue Hoffnungen. Warum ist das so? Kann es sein, dass wir letztendlich nur eine einzige Hoffnung in uns tragen, die Hoffnung auf Erfüllung unserer Bestimmung von Gott her? Diese Glaubenshoffnung, die in uns wohnt, seit wir sind, und wo Augustinus bekennt: Unruhig ist unser Herz, bis es ruht in Dir.

Und diese Hoffnung, die wir in uns tragen, ob bewusst oder unbewusst, „ist die vertrauensvolle Erwartung des göttlichen Segens und der beseligenden Gottesschau"[166].

---

[164] Walter Brugger/Harald Schöndorf (Hg.), PhW, Freiburg 2010, 204

[165] H. J. Sandkühler (Hg.), EPh, Hamburg 2010, 1004

[166] KKK, München 2005, 2090

Wir dürfen also auf die Barmherzigkeit Gottes hoffen. Und so bestimmt „Thomas v. Aquin (…) die Hoffnung als Tugend der rechten Mitte zwischen Hochmut (*excellentia*) und Resignation (*acedia*)"[167].

Es ist also diese Glaubenshoffnung, die uns durch unser Leben trägt, und Maria „als Mutter der Hoffnung"[168] begleitet uns auf diesem Weg, der uns zu Gott führt[169].

14.5 Therese von Lisieux: die Liebe zu Jesus

Therese von Lisieux fand nach einer Betrachtung folgende Worte: *„Das ist der Lehrer, den ich dir gebe, er wird dich alles lehren, was du tun sollst. Ich will dich im Buch des Lebens lesen lassen, das die Wissenschaft der LIEBE enthält"* [170].

Die sich ganz an Jesus verschenkende Liebe, das „Nichts-für-sich-behalten-Wollen", das war die Sehnsucht ihres Seins, der Wunsch ihres so kurzen Lebens. Denn Therese hatte erkannt, dass nur eines zählt bei Gott, die Liebe.

Nur eines ist wichtig, zu lieben und alles zu geben für ihre große Liebe, für Jesus. Und so bemerkt sie: „Ich begreife so gut, dass nur die Liebe uns dem lieben Gott wohlgefällig zu machen vermag, und so ist diese Liebe das einzige Gut, das ich begehre. Jesus gefällt es, mir den einzigen

---

[167] H.-G. Link, Hoffnung, in: HWPh, Bd. 3, 1974 – in: H. J. Sandkühler (Hg.), EPh, Hamburg 2010, 1004

[168] Ratzinger /Benedikt XVI., Enzyklika: SPE SALVI, Freiburg 2008, 99

[169] Vgl. ebd.

[170] Worte Jesu an die hl. Margareta Maria in: Petit bréviaire du Sacré-Coeur de Jésus, Nancy 1882, in: Therese von Lisieux, Selbstbiographie, 10. Aufl., Einsiedeln 1984, 192, Anm. 1

Weg zu zeigen, der zu diesem Göttlichen Glutofen führt, dieser Weg ist die *Hingabe* des kleinen Kindes, das angstlos in den Armen seines Vaters einschläft"[171].

Und Therese berichtet ferner von einer Begegnung mit der Jungfrau Maria am 10. Mai[172]. Aber es war der Fatima-Tag, der 13. Mai 1883, an dem Maria der heiligen Therese zulächelte. Allerdings war Fatima und die Botschaft von Fatima damals noch kein Begriff, da die erste Erscheinung Marias in Fatima ja erst Jahre später, und zwar am 13. Mai 1917, stattfand.

Therese wurde immer tiefer in diese Liebesbeziehung zu Jesus geführt. So bekennt sie:
„Ich begriff, dass *die LIEBE ALLE BERUFUNGEN IN SICH SCHLIESST, DASS DIE LIEBE ALLES IST, DASS SIE ALLE ZEITEN UND ORTE UMSPANNT … MIT EINEM WORT, DASS SIE EWIG IST! …*
Da rief ich im Übermaß meiner überschäumenden Freude: O Jesus, meine Liebe … endlich habe ich meine *Berufung* gefunden,

MEINE BERUFUNG IST DIE LIEBE"[173]!

So drängt sich mir die Frage auf, kann es sein, dass es jetzt in unserer Zeit an dieser Liebe fehlt, dass wir in einer

---

[171] Therese von Lisieux, Selbstbiographie, 10. Aufl., Einsiedeln 1984, 192
[172] Vgl. ebd., 195, Anm. 3: Tatsächlich hatte die Mutter Gottes Therese am zweiten Maisonntag des Jahres 1883 zugelächelt; doch fiel dieser Sonntag nicht auf den 10., sondern auf den 13. Mai.
[173] Vgl. ebd. 200

Welt ohne Liebe leben; dass es diese Ganzhingabe, diese selbstlose Liebe, die bereit ist alles zu geben, die bereit ist sich ganz an Jesus zu verschenken, nicht mehr oder nur noch sehr vereinzelt gibt? Ist das der Grund, warum wir z. B. hier in Deutschland nur noch wenig Berufungen haben? Die Ganzhingabe an Jesus führt uns direkt zur Ganzhingabe an den Nächsten.

14.5.1 Therese von Lisieux: die Liebe zum Nächsten

Es beginnt damit, dass Therese, obwohl sie selbst ihre Bitte nicht versteht, den Herrn bittet um:

„EURE DOPPELTE LIEBE"[174].

Und diese „Doppelte Liebe" ist es, die Kraft zur Nächstenliebe hat, die sich verzehrt für das menschliche Du. Therese sieht sich als das „kleine Kind". Und so fragt sie sich, was wohl das kleine Kind für den Nächsten bewirken kann. Und sie fragt sich: „Wie aber soll es seine *Liebe* bezeugen, da sich die *Liebe* doch durch Werke beweist? Wohlan, das kleine Kind wird *Blumen streuen,* mit ihrem *Duft* wird es den königlichen Thron einhüllen, mit seiner silberhellen Stimme wird es das Hohelied der *Liebe* singen … Ja, mein Viel-Geliebter, auf diese Weise wird sich mein Leben verzehren (…) ich will mir kein einziges Opfer entgehen lassen, keinen Blick, kein Wort, will die ge-

---

[174] Vgl. ebd. 202

ringfügigsten Handlungen benutzen und sie aus Liebe tun ... Aus Liebe will ich leiden"[175].

Und Therese hatte nur einen Wunsch: viele Seelen ihrem Geliebten zuzuführen, so schreibt sie:
„Er machte mich zum *Seelenfischer*, ich spürte ein großes Verlangen, an der Bekehrung der Sünder zu arbeiten, ein Verlangen, das ich vorher nicht so lebhaft empfunden hatte ... Ja, ich fühlte die *Liebe* in mein Herz einziehen, das Bedürfnis, mich selbst zu vergessen, um ‚anderen' Freude zu machen, und von da an war ich glücklich!"[176].

Mit diesem Wunsch, ihr Leben ganz in den Dienst für die Bekehrung der Sünder zu stellen, liegt sie ganz auf der Linie mit den Botschaften von Fatima, denn Fatima heißt „Seelen retten". Denn sie wusste, was Jesus von ihr wollte, weil sie ihn so sehr liebte. „Zu allen Zeiten waren es die Heiligen, die Christus am besten kannten, Gott erkennt man nämlich nur in der Liebe"[177].

Johannes bringt es auf den Punkt: „Jeder, der liebt, stammt von Gott und erkennt Gott. Wer nicht liebt, hat Gott nicht erkannt"[178]. Das Leben der heiligen Therese war ein Weg der praktizierenden Liebe im Bewusstsein, dass sie selbst „nichts", aber Jesus „alles" ist.

---

[175] Vgl. ebd., 203
[176] Vgl. ebd., 97
[177] Christoph Schönborn, Gott sandte seinen Sohn, Paderborn 2002, 344
[178] 1 Joh 4, 7-9

Auf sie trifft voll und ganz zu, was Paulus im Galaterbrief schreibt: „Nicht mehr ich lebe, sondern Christus lebt in mir" [179].

Genau an dieser Stelle muss die heutige wissenschaftliche Theologie wieder ansetzen. Das Leben der Heiligen darf nicht weiter einfach ausgeklammert, belächelt oder ignoriert werden. Denn: „Die Heiligen sind Theologen auf Grund ihres Lebens und ihrer Sendung.
Darum ist es für die Theologie von großem Belang, bereit zu sein, auf die Heiligen zu hören und von ihnen zu lernen (...) Wenn IMANUEL KANT (+1804) gesagt hat, ohne Anschauung bleibe der Begriff leer, müssen wir sagen, dass die Theologie ohne die existentielle Beglaubigung durch die Heiligen steril zu bleiben droht"[180].

Also ist der Glaubensabfall, der Priestermangel eventuell hausgemacht, weil wir die Heiligen aus den Kath. Kirchen und Kath. Universitäten entfernt haben?

Oder weil in vielen Kirchen nicht mehr um Priesterberufungen gebetet wird? Oder weil generell das Angebot für Rosenkranzgebete, Litaneien oder das stille Gebet vor dem ausgesetzten Allerheiligsten fehlt? Priester werden ist und bleibt Berufung Gottes „nicht ihr habt mich erwählt, sondern ich habe euch erwählt"[181].

---

[179] Gal 2, 20
[180] Christoph Schönborn, Gott sandte seinen Sohn, Paderborn 2002, 344

14.6 Mutter Teresa und die Nächstenliebe

Mutter Teresa aus Kalkutta zeigt uns, was es heißt, aus Liebe zu Jesus dem Nächsten beizustehen. Sie hat dies in einer einmalig radikalen Weise bis zur völligen Vernichtung ihres Egos getan. Mutter Teresa bringt es auf den Punkt:

Sie sah in jedem sterbenden Antlitz – in jedem mit Wunden bedeckten Körper, den sie liebevoll gepflegt hat, das Antlitz Jesu.
Und sie bemerkt: *„Die Überzeugung, in einem Leprakranken Christus zu berühren, gibt mir einen Mut, den ich sonst nicht hätte"* [182].

Was bedeutet diese Aussage von Mutter Teresa für uns? Sie bedeutet, dass Christus uns die Kraft gibt, über uns selbst hinauszuwachsen, um Ihm allein zu folgen in der Totalhingabe an die Ärmsten der Armen.

Im Werk von Mutter Teresa vereinigen sich die geistigen und die leiblichen Werke der Barmherzigkeit. Das erkennen wir besonders bei den Bitten, die Mutter Teresa an den Herrn, ihren Gott, richtet:

---

[181] Joh 17,16
[182] Mit der Liebe Gottes, 365 ermutigende Gedanken, 2. Aufl, Leipzig 2004, 18.08.

„Herr, willst du meine Hände,
um diesen Tag damit zu verbringen,
den Armen und Kranken zu helfen, die diese Hände brauchen?
Herr, heute schenke ich dir meine Hände" [183].

Und weiter bittet Mutter Teresa:

„Herr, willst du meine Füße,
um diesen Tag damit zu verbringen,
jene zu besuchen, die einen Freund brauchen?
Herr, heute schenke ich dir meine Füße" [184].

Und weiter bittet Mutter Teresa:

„Herr, willst du meine Stimme,
um diesen Tag damit zu verbringen,
mit jenen zu sprechen, die Worte der Liebe brauchen?
Herr, heute schenke ich dir meine Stimme" [185].

Und Mutter Teresa bietet dem Herrn ihr Herz an, sie fragt:

„Herr, willst du mein Herz,
um diesen Tag damit zu verbringen,
jeden einsamen Menschen zu lieben allein deshalb,
weil er ein Mensch ist?
Herr, heute schenke ich dir mein Herz" [186].

---

[183] Ebd., 21.06.
[184] Ebd., 22.06.
[185] Ebd., 23.06.
[186] Ebd., 24.06.

Nichts lässt Mutter Teresa aus. Sie schenkt dem Herrn ihr ganzes Sein.

Ich frage Sie: Gibt es etwas Edleres, als wenn einer sein Herz Gott schenkt, damit Gott in diesem und durch dieses menschliche Herz den armen, einsamen Menschen anrühren, wärmen und lieben kann?

Mutter Teresa hat mit dem Licht der christlichen Nächstenliebe das Licht Christi in den Herzen der ärmsten und verlassensten Menschen entzündet. Das ist Neuschöpfung. Alles, was sie getan hat, hat sie einzig aus Liebe für ihren Herrn getan. Mutter Teresa hat nichts für sich behalten. Sie hat ihren Willen dem Willen Gottes *ganz* zu eigen gemacht.

Bei Mutter Teresa trifft folgende Bitte uneingeschränkt zu: Herr, nicht mein Wille, sondern Dein Wille geschehe. Mutter Teresa bringt es auf den Punkt, wenn sie schreibt:

„Ich weiß schon, dass das Leben, das ich mit meinen Schwestern leben werde, ein schweres sein wird – sowohl für die europäischen als auch für die indischen Schwestern. Doch für einen Liebenden ist nichts zu schwer. Wer kann Gott schon in seiner Großzügigkeit übertreffen" [187]?

Mutter Teresa geht gegen sich selbst sehr radikal vor. In ihren Notizen bemerkt sie:

**„Sie müssen für mich beten – damit ich lerne,
das eigene Ich in mir loszuwerden,**
und innig mit Ihm zu leben. (...)

---

[187] Mutter Teresa, Komm, sei mein Licht, München 2007, 106

Beten Sie um Licht, damit ich sehen kann, und um Mut, alles ‚Ego' im Werk zu entfernen.

**<u>Ich muss komplett verschwinden,
wenn ich will,
dass Gott das Ganze (Werk) hat"</u>** [188].

Diese Worte erinnern an Johannes den Täufer, der bekennt:

„Er (Jesus) muss wachsen (in mir), ich aber muss kleiner werden"[189].

Was bedeutet das für uns?
Es bedeutet, dass jeder, der die Nachfolge Christi leben will, sein Ego abgeben muss. Er muss sich selbst verlieren, um Christus zu gewinnen. Er muss seinen Willen ganz dem Willen Jesu schenken. Nur so kann Christus in ihm wirken und nur so kann er, als Werkzeug Christi, allen alles werden. Und Mutter Teresa ist wirklich allen alles geworden.

14.7 Franz von Sales: Die Liebe bindet den Willen

Bei Franz von Sales wird der Wille definiert als Befähigung des Menschen zur Liebe und er bemerkt in seinen Ausführungen: „Die Liebe besteht in der Hingabe des Willens, und die Liebe ist die *einzige* Kraft, die den Willen binden kann"[190]. Bei ihm ist der Gehorsam eine Frucht

---

[188] Ebd., 135
[189] Joh 3, 30
[190] Jahrbuch für salesianische Studien, Eichstätt 1989, 71-73

der Liebe, denn es handelt sich hier um einen freiwilligen, aus der Liebe heraus geschenkten Gehorsam.

Er betont:

„Wer seinen Willen hingibt,
der liebt und gehorcht zugleich"[191].

Ein von Überzeugung getragener und ausgeführter Gehorsam kann nur von der Liebeswurzel, vom Liebesgrund her erfolgen.

Wenn wir das Werk von Mutter Teresa betrachten, dann zeigt sich, dass sie wirklich eine Liebende im Gehorsam war. Sie hat die Gottesliebe mit der Nächstenliebe verknüpft. Dadurch hat sie sehr vielen Menschen den Weg zur Versöhnung mit Gott eröffnet. Und diese Versöhnung mit Gott hat ihre Krönung in der Beichte.

14.8   Die Beichte bei Adrienne von Speyr

Die Beichte ist ein wesentliches Element der Barmherzigkeit Gottes. Adrienne von Speyr bringt es auf den Punkt; sie schreibt: „Die Beichte fängt den Sünder auf in seinem Abfall von Gott. (…) Sie ist die Versichtbarung der Tatsache, dass die Kirche sich an alle Sünder wendet"[192].

Das bedeutet nichts anderes, als dass die Kirche dem Sünder die Tür zur Versöhnung mit Gott öffnet, damit der Weg zur Beichte für den Sünder frei wird. In jeder Beichte geschieht Neuschöpfung, Neubeginn, denn, so Paulus: „Wenn also jemand in Christus ist, dann ist er

---

[191] Vgl. ebd., 71
[192] Adrienne von Speyr, Die Beichte, 2. Aufl., Einsiedeln 1982, 100

eine neue Schöpfung. Das Alte ist vergangen, Neues ist geworden"[193].

Damit aber Neuschöpfung – Neubeginn werden kann, bittet Maria in Fatima die Kinder darum, Jesus zu bitten, alle Seelen in den Himmel zu führen, besonders jene, die dabei sind für *ewig* verloren zu gehen.

Diese intensive Bitte an Jesus wird von dem barmherzigen Gott nicht ohne Antwort bleiben. Matthäus schreibt: „Bittet, dann wird euch gegeben werden, sucht, dann werdet ihr finden. Klopft an, dann wird euch geöffnet. Denn wer bittet, der empfängt; wer sucht, der findet; und wer anklopft, dem wird geöffnet"[194].

Wenn wir von der Barmherzigkeit Gottes sprechen, müssen wir fragen: *Wo* vollzieht sich denn ununterbrochen die Barmherzigkeit Gottes? Sie vollzieht sich – immer und immer, ununterbrochen – in der Beichte.

Adrienne von Speyr bezeichnet die Beichte auch als den „Rettungsring"[195]. An ihm können wir uns wieder aus unserem Sündenwasser herausziehen und wieder *heil* werden. Adrienne von Speyr versteht es, sich eindrucksvoll und nachvollziehbar in die Lage des Sünders zu versetzen.

Sie versteht es, den Sinn der Beichte zu erschließen. Und sie erkennt sehr genau die Chance, die sich dem Sünder

---

[193] 2 Kor 5, 17
[194] Mt 7, 7-8
[195] Adrienne von Speyr, Die Beichte, 2. Aufl., Einsiedeln 1982, 101

durch das Sakrament der Beichte bietet. Das Glück, wieder in die Gemeinschaft der Gläubigen eingegliedert zu sein, wieder dazuzugehören, eröffnet uns eine ernst zu nehmende Perspektive im Hinblick darauf, die Beichte wieder mehr in die Sakramenten-Pastoral einzugliedern und ihr den ihr zustehenden Platz zu geben[196].

Sie bemerkt: „Ich Sünder weiß, dass ich die ‚Gemeinschaft der Heiligen' verunziere. Man hat mich getauft, aber ich lebe nicht nach der Taufregel. Man hat mich gefirmt, aber ich bin kein Apostel Christi. Ich gehe zwar zur Messe, aber sie bleibt mir unverständlich. Die Predigt ist mir entweder zu hoch oder zu flach, ich gewinne keine Beziehung zu ihr. Ich anerkenne alle diese Bemühungen der Kirche um mich:

Sie ermuntert, sie tröstet, sie mahnt mich, aber es nützt mir nichts. Ich habe eine lange Erfahrung mit mir, ich weiß, was ich kann und nicht kann. Man stellt mir Heilige vor, aber ich bin eben keiner. Ich lebe in der Sünde. Und als Sünder kann ich der Kirche gegenüber immer das letzte Wort behalten. … Wenn mir aber gesagt wird: Der Beichtstuhl ist für die Sünder reserviert, dann ist mir klar: Hier ist endlich ein Platz für mich. Gerade ich bin gemeint.
Die Bank dafür wurde eigens für mich gezimmert. Ich kann natürlich auch über die Beichte nörgeln. Aber das hindert mich nicht zu wissen, dass hier meine eigentliche Situation getroffen ist. Redet man von der Gemeinschaft der Heiligen, dann ist mir klar, dass ich nicht dazugehöre.

---

[196] Vgl. ebd., 100-101. Adrienne versetzt sich sehr intensiv in die Lage des Sünders.

Sagt man mir aber: Es gibt eine Gemeinschaft der Sünder, wer gehört dazu?, dann weiß ich unfehlbar, dass ich dorthin gehöre. Von der Beichte her erschließt sich mir ein Zugang zum Verständnis des kirchlichen Lebens. Wenn ich als Sünder erfasst und von meiner Unreinheit befreit wurde, dann weiß ich auch, dass ich wieder eingereiht bin. Als ein Vereinzelter wurde ich erfasst, aber durch die Beichte der Gemeinschaft der Kirche zurückgegeben. Während meines Bekenntnisses kam ich mir vielleicht sehr einsam, sehr herausgerissen vor, aber das war nur ein Schein, denn schon dort stand ich innerhalb der Gemeinschaft der Bekennenden. (…) Ich bin ein Getaufter und die Kirche hat einen Anspruch auf mich.

Immer ist die Beichte ein Zurückgeworfenwerden in die Mitte. Ob ich weit weg war oder nicht, ob meine Beziehung zur Sünde endgültig gelöst ist oder nur gelockert: Immer wieder werde ich zurückgeholt durch die feste Hand der Kirche, die neben dem Glaubenden her schreitet, damit er nicht in Abgründe stürzt"[197].

Plastischer kann man den Sinn der Beichte nicht mehr erklären. Durch das Sakrament der Beichte fühlt der Sünder sich umsorgt. Er bemerkt auf einmal, da wird mir die mich von aller Last befreiende Hilfe angeboten. Da kann ich wieder heil werden. Plötzlich gehöre ich wieder dazu. „Ich bin eingegliedert in den Leib, der die Kirche ist, und gehöre so automatisch zum Haupt, das Christus ist"[198].

---

[197] Ebd., 101
[198] Vgl. Kol 1, 18

14.9   Beichte – wozu?

An dieser Stelle kommt spontan die Frage, wozu soll ich zur Beichte gehen, wenn ich in meinem Tod sowieso den Tod an sich sterbe? Diese Frage ist logisch. Denn wenn ich nicht daran glaube oder nicht glauben will, dass mit dem leiblichen Tod eben nicht alles aus und vorbei ist und dass es einen Gott gibt, der mich sehr liebt und der mich unbedingt einst in seine Ewigkeit hineinholen will, dann fällt die Beichte nur in die „Jetzt-Zeit".

Dann schenkt sie mir vielleicht, wenn der Priester es versteht, meine innersten Nöte zu erkennen, eine Befreiung von Schuldgefühlen, und als Sakrament schenkt sie mir eine besondere Gnadenfülle, aus der heraus sich mir auch neue Erkenntnisse in meinem persönlichen Lebensbereich eröffnen, wenn ich mich dafür öffne. Denn ohne meine Offenheit für die Wirkung der Gnade kann sie nicht wirken. Aber wenn ich nicht an ein Weiterleben nach dem Tod glaube, sehe ich keinen Sinn darin, zur Beichte zu gehen. Denn für mich gilt nur die Jetzt-Zeit.

14.10   Beichte – Tor zur Ewigkeit

Jetzt stellt sich die Frage, was bringt mir die Beichte im Hinblick auf die Ewigkeit? Was bewirkt sie? Was ist ihre Essenz?
Immer nur denken wir an das, was jetzt ist. Aber wir alle, ob wir glauben oder nicht, wissen, dass wir einmal sterben werden. Das bedeutet, dass unser Leib einmal sterben wird und dass im Sterbeprozess unsere unsterbliche Seele, die Geistseele, den Leib verlässt, sonst könnte der

Leib nicht sterben. Denn Thomas von Aquin geht davon aus, dass die Seele der erste Lebensgrund ist. „Denn ‚beseelt' nennen wir das, was lebt"[199]. So ist also die Seele das Lebensprinzip des Menschen an sich. Denn wenn die Seele den Leib verlässt, verändert sich der Körper, er wird leblos.

Wenn vom Sterben die Rede ist, kommt auch die Beichte in den Blick, die prinzipiell unsere Lebensbegleiterin sein sollte. Denn jede Beichte ist Bekehrung und reinigt die Seele des Menschen, vorausgesetzt, dass die Schuld bereut wird. Das bedeutet, dass jede Beichte, da wo der Priester die Sünden vergibt und die Lossprechung schenkt, die Seele auf das Wiedersehen mit ihrem Schöpfer vorbereitet. Einer Seele, der während des irdischen Lebens oft die Lossprechung geschenkt und die Sündenschuld vergeben wurde, eröffnet aus sich hieraus eine intensive Beziehungsebene zu ihrem Erlöser, aus der sich folglich eine tiefe freundschaftliche Beziehung entwickeln kann, denn die Beichte schenkt das Zwiegespräch mit Gott, schenkt Vertrautheit. Die Beichtgnade leuchtet mir den Weg zu Ihm. Mit jeder Beichte wird er heller und sicherer, so dass schon in die Erdenzeit das Licht der Ewigkeit ein wenig hereinbricht.

Ratzinger/Benedikt XVI. definiert das jetzige Leben und das Leben nach dem physischen Tod als eine Ganzheit, als das Leben an sich. Er bemerkt: „Ewiges Leben" ist nicht – wie der moderne Leser wohl unmittelbar denkt –

---

[199] Thomas von Aquin, Summa Theologica, Salzburg 1937, Band 6, 5

das Leben, das nach dem Tode kommt, während das Leben jetzt eben vergänglich ist und nicht ewiges Leben wäre. „Ewiges Leben" ist das Leben selbst, das eigentliche Leben, das auch in dieser Zeit gelebt werden kann und dann durch den physischen Tod nicht mehr angefochten wird. Darum geht es: Jetzt schon „das Leben, das wirkliche Leben zu ergreifen, das durch nichts und niemand mehr zerstört werden kann"[200].

Das bedeutet nichts anderes, als dass es klug ist, hic et nunc alles zu tun, damit uns dieses kostbare Geschenk des Lebens an sich nicht mehr genommen werden kann. Jesus selbst sagt von sich: „Wer an mich glaubt, wird leben, auch wenn er stirbt, und jeder, der lebt und an mich glaubt, wird auf ewig nicht sterben (Joh 11, 25f)"[201].

Das ist doch eine klare Aussage, die nicht mehr zu widerlegen ist. So möchte ich es wie folgt formulieren:

„Christsein heißt,
schon jetzt in der Hoffnung leben auf Ihn hin, den Blick auf Ihn, der das Leben ist, richten und dem alltäglichen Leben mit allen Höhen und Tiefen begegnen im festen Glauben und Vertrauen,
dass allein Er es ist,
der meine Unvollkommenheiten wandelt,
dass Er es ist,
der mich durch den leiblichen Tod hindurchträgt
zu Ihm hin, unverlierbar."

---

[200] Joseph Ratzinger/Benedikt XVI., JESUS VON NAZARETH, Bd. 2, Freiburg 2011, 100-101
[201] Ebd.

15 Fatima ist Barmherzigkeit Gottes – Teil 5

Hier in diesem letzten Teil wollen wir noch einmal kurz nachdenken über die letzten Dinge und den Versuch starten zu überlegen, was wir alles für die Rettung der Seelen tun können. Darüber hinaus soll noch einmal deutlich gemacht werden, dass Fatima wirklich etwas mit der Barmherzigkeit Gottes zu tun hat und Er wirklich jeden Sünder retten will.

15.1 Barmherzigkeit grüßt Gerechtigkeit

Wenn wir uns mit der Barmherzigkeit Gottes befassen, müssen wir uns auch mit der Gerechtigkeit Gottes befassen. Da steht die Frage im Raum: Was hat es denn mit der Gerechtigkeit Gottes auf sich? Wie ist sie zu verstehen? Ist die Gerechtigkeit Gottes nicht durch die Barmherzigkeit Gottes aufgehoben?

Der Dogmatiker Scheeben führt aus, „dass die Gütigkeit Gottes auch alles Wirken der Gerechtigkeit durchdringt und in ihrem Sinne beeinflusst"[202]. Das bedeutet, dass die Güte Gottes und die Gerechtigkeit Gottes ineinanderfließen.

Denn, so Thomas von Aquin: „Barmherzigkeit hebt die Gerechtigkeit nicht auf; sie ist vielmehr sozusagen die

---

[202] Matthias J. Scheeben, Handbuch d. Kath. Dogmatik, Bd. 2, 2. Aufl., Freiburg 1943, 262-263

Fülle der Gerechtigkeit"[203]. Beide bedingen sich also gegenseitig. Thomas weiter: „Gerechtigkeit ohne Barmherzigkeit ist grausam; Barmherzigkeit ohne Gerechtigkeit ist die Mutter der Auflösung"[204].

D. h. ohne Barmherzigkeit keine Gerechtigkeit – erst die Barmherzigkeit macht die Gerechtigkeit gerecht. Und andererseits ist in der Barmherzigkeit immer auch Gerechtigkeit mit enthalten. Ansonsten verfehlt die Barmherzigkeit ihre Barmherzigkeit, d. h. sie wird schal, sie ist kraftlos und sinnlos. Denn die Barmherzigkeit hat nur den einen Sinn, die Gerechtigkeit zu entschärfen, abzumildern.

15.2 Die Theorie der All-Erlösung bei Origines

Thomas bemerkt, dass Gott im höchsten Grade „Barmherzigkeit" zuzusprechen ist. Das bedeutet aber nicht, dass wir hier von einer Übermacht der göttlichen Barmherzigkeit reden, wo folglich dann am Ende die Theorie der „All-Erlösung" stehen würde. Denn das würde bedeuten, dass alle Menschen zwangsweise erlöst würden, dass der freie Wille des Menschen am Ende aufgehoben wäre und dass der Mensch im Augenblick des Sterbens keine freiheitlich gesetzte, dem eigenen Willen gemäße End-Entscheidung treffen könnte.

---

[203] Thomas von Aquin, Sentenzen über Gott und die Welt, 3. Aufl., Einsiedeln 2000, 159
[204] Ebd., 159

Diese Meinung der All-Erlösung, dass alle Menschen letztendlich von Gott erlöst werden, wurde von Origenes († 253/54) und den von ihm beeinflussten Richtungen vertreten. Gegen diese irrige Lehre aber steht das Lehramt der katholischen Kirche.

Es ist kirchliche Lehre, dass jeder Mensch am Ende seines Lebens in willentlicher Freiheit seine eigene Entscheidung treffen muss. Und der Mensch, der in dieser letzten End-Entscheidung Gott um Barmherzigkeit bittet, wird von Gott Barmherzigkeit erlangen.

Thomas von Aquin meint, wenn er Gott die Barmherzigkeit im höchsten Grade zuspricht, dass Gott wirklich *nichts* unterlässt, dem verlorenen Schaf nachzugehen, das verlorene Schaf zu suchen und das verlorene Schaf wieder einzugliedern in seine Herde, aber nur in der Freiheit des menschlichen Willens. Denn Gott achtet die freie Willensentscheidung des Menschen.
Er zwingt uns das Paradies nicht auf. Paulus betont:
„Zur Freiheit hat uns Christus befreit"[205].

---

[205] Gal 5, 1

15.3 Die Freiheit des menschlichen Willens bei Franz von Sales

Franz von Sales hat sich sehr intensiv mit der Willens-
freiheit auseinandergesetzt. Nach ihm ist die Freiheit die
Grundlage christlicher Anthropologie und Spiritualität.
Er bezieht sich auf Paulus, der schreibt, dass wir zur
Freiheit berufen wurden.

Und er bemerkt:

„Eine Person,
geschaffen nach dem Ebenbild Gottes,
muss *frei* sein.
Denn erst die Freiheit
gibt der Schöpfung einen Sinn.
Auch der christliche Gehorsam
erweist sich nur im Vollzug der Freiheit.

Die tiefsten Akte des Menschen wie:
Glaube – Liebe – Anbetung – Kreuz-Annahme
sind nur möglich im Vollzug der Freiheit"[206].

Das können wir sehr gut nachvollziehen, wenn wir an
unsere Märtyrer denken, denn alle unsere Märtyrer, jeder
Einzelne von ihnen, hat sich im absoluten Vollzug der
ihm von Gott geschenkten individuellen, personalen
Freiheit in Freiheit für das Martyrium – für Christus –
entschieden.

---

[206] Vgl. Jahrbuch für salesianische Studien, Bd. 22, Eichstätt 1989,
72-73

Fazit:
Der christliche Gehorsam ist
eine Antwort der Freiheit des menschlichen Willens
und diese Freiheit ist eine Frucht der Liebe,
denn Gott ist die Liebe.

Fazit:
Ohne Liebe – keine Freiheit –
ohne Freiheit – kein freier Gehorsam –
ohne freien Gehorsam – keine echte Demut

Unser Vorbild ist Jesus Christus, unser Erlöser, der sich einzig aus Liebe zu uns Menschen, dem Willen des Vaters gegenüber gehorsam, für uns hingegeben hat.

Franz von Sales konkretisiert diese Thematik noch einmal sehr deutlich. Auf die Freiheit des menschlichen Willens hinzuweisen, ist ihm ein großes Bedürfnis. In seinen Darlegungen macht er deutlich, dass Gott, wenn er uns mit seiner Gnade zuvorkommt, die menschliche Freiheit eben nicht einschränkt, sondern sie dadurch geradezu erst ermöglicht.

Denn, so Franz von Sales:
„Die himmlische Gnade fehlt *nie* unserem Wollen,
solange unserem Können
nicht unser Wollen fehlt"[207].

Das bedeutet für uns,
dass die Gnade Gottes *nie*
unsere freie Entscheidung aufhebt.
Denn wir entscheiden in völliger Freiheit:

Wollen wir – oder wollen wir nicht.
Wenn wir nicht wollen –
dann können wir auch nicht.

---

[207] Ebd., Bd. 13, 105. Franz von Sales betont: „Ebenso bewundernswert wie wahrhaftig ist die Tatsache, dass unser Wille, wenn er einem Zug der Gnade folgt und dem göttlichen Antrieb zustimmt, es ebenso in aller Freiheit tut, wie er ihr in aller Freiheit Widerstand leistet, wenn er der Gnade widerstrebt. Allerdings hängt die Zustimmung zur Gnade weit mehr von dieser als von unserem Willen ab, während der Widerstand gegen die Gnade nur dem Willen allein zuzuschreiben ist", ebd.

D.h. wenn wir nicht wollen,
kann Gott uns die Gnade
zum Vollbringen des Könnens auch nicht schenken.

Der menschliche Wille hat eben auch die Freiheit,
sich der Gnade Gottes entgegenzustellen – auch dann,
wenn Gott mit seiner Gnade uns zuvorkommt.

Es geht also im Prinzip immer
um das Zusammenspiel
von Gnade und menschlicher Willensfreiheit.

15.4   Die Willensfreiheit bei Maria

Das beste Beispiel, was die Freiheit des menschlichen Willens betrifft, haben wir bei Maria, der Unbefleckten Empfängnis. Sie und nur sie allein konnte aufgrund ihrer Sündenlosigkeit ihren Willen ganz dem Willen des Herrn unterordnen. Denn ihr Wille war nicht durch die Erbsünde gebrochen, wie es bei uns der Fall ist.

Menke bemerkt: „Weil Maria nicht nur gebrochen, sondern auf immaculate Weise ihr ‚Fiat' sprechen konnte, sagt die Heilige Schrift von ihr: Sie war ‚voll der Gnade'"[208].

Das bedeutet, dass Maria auf vollkommenste Weise aufgrund ihrer Sündenlosigkeit von Gott „zur Freiheit befreit" worden ist. Und deshalb kann von ihr ausgesagt werden, „dass Marias Wille identisch bzw. analog dem Willen Jesu ist. (…) Durch ihre Unbeflecktheit konnte sie in vollkommener Weise ihrem eigenen Willen entsagen, um nur dem Willen Gottes zu entsprechen"[209].

Fazit:

Maria wollte nichts anderes wollen -
als den Willen Jesu wollen.

Bei uns jedoch ist es anders. Unser „Wollen" bleibt immer ein Stück hinter dem „Sollen" zurück.

---

[208] Karl-Heinz Menke, Fleisch geworden aus Maria, Regensburg 1999, 136

[209] Anna Roth, Maria: Ihre Christozentrik im Spiegel der Theologie, Marburg 2008, 28

Wir befinden uns Gott gegenüber immer in einer „Bring-schuld". Aber dieser Zustand beeinträchtigt die Freiheit unseres Willens nicht. Denn er schenkt uns immer wieder neu seine Gnade, die uns befähigt, als sein Ebenbild seine Barmherzigkeit zu erfahren.

15.5 Die End-Entscheidung

Was ist die End-Entscheidung? Die End-Entscheidung ist die letzte Entscheidung, die jeder Mensch in der letzten Sekunde seines Erdenlebens treffen muss. Und diese letzte Entscheidung, also diese End-Entscheidung, muss jeder Mensch in absoluter Freiheit setzen, dann allerdings – ist sie unwiderruflich gesetzt.

Adrienne von Speyr drückt das noch einmal sehr konkret aus; sie bemerkt: „Freilich bleiben immer noch die, die nicht durch das Gericht der Liebe, d. h. der Barmherzigkeit des Sohnes gerichtet werden wollen, die – die sich willentlich, d. h. in voller Absicht, d. h. im Wissen um die allerletzte Möglichkeit – d. h. die – die sich dieser sie noch auffangenden Liebe und Barmherzigkeit des Sohnes entziehen, sich dagegen verkapseln – sich dagegen stellen, diese müssen durch den Vater gerichtet werden, weil sie die Liebe des Sohnes und die aus dieser Liebe quellende Barmherzigkeit des Sohnes abgelehnt haben"[210].

Sie haben selber ihr Todesurteil über sich gesprochen. Folgendes dürfen wir nicht vergessen:

---

[210] Vgl. Adrienne von Speyr, Die Beichte, 2. Aufl., Einsiedeln 1982

Es gibt eine Freiheit,
die auch von der Gnade nicht aufgehoben wird.

Denn unser freier Wille
ist nicht im Willen Gottes aufgehoben,
sonst wäre es kein freier Wille.

Dieser Tatsache müssen wir uns stellen.
Denn auch das ist Fakt: Der verstockte Todsünder hat
den Willen, in Ewigkeit zu sündigen. Das bedeutet, der
Sünder will es selbst so, nicht Gott will es. Gott will nur
das eine, nämlich, dass sich die Menschen für Ihn entscheiden und nicht verloren gehen.

15.6 Rettung – warum?

Aber warum ist es denn so wichtig, dass möglichst viele
Menschen gerettet werden? Gibt es denn überhaupt ein
Leben nach dem Tod? Und wie sollen wir das verstehen?
Leben wir nur geistig weiter? Wie soll das möglich sein,
dass wir mit unserem Leib, den wir hier auf der Erde getragen haben, der dann zwar ein verklärter Leib wird, auferstehen? Der Leib, der verbrannt ist, also die sterblichen
Überreste in der Urne, wie sollen diese Überreste als verklärter Leib auferstehen? Viele Fragen drängen sich auf.

Und wir müssen ganz anders an diese Thematik herange-
hen, und den Versuch starten, sie in eine logische Ge-
setzmäßigkeit einzuordnen. Denn grundsätzlich können
wir es nicht denken, dass die individuelle unsterbliche
Geistseele, das Ich, am Jüngsten Tag ihren Leib aufbaut.

Aus der Schrift wissen wir, dass der auferstandene Leib natürlich eine andere Qualität haben wird, er wird ein verklärter Leib sein, für den verschlossene Türen kein Hindernis sind[211]. Und wir glauben, dass sich am Jüngsten Tag die individuelle Geistseele wieder mit ihrem Leib vereinigen wird, damit es dieser eine Mensch ist und nicht eine andere Person.

Denn „nicht irgendeine Art von Leib
hält die Seele fest, sondern die Seele, die fortbesteht,
hält verinnerlicht die Materie ihres Leibes in sich"[212].

Mit dieser Definition haben wir eine sichere und verständliche Aussage über den Fortbestand unseres Seins als eine menschliche Person mit Seele und Leib.

Aristoteles ist der Meinung, dass Seele und Leib in Beziehung zueinanderstehen; er bemerkt:

„Seele und Körper, so meine ich,
reagieren sympathetisch aufeinander:
Eine Veränderung in dem Zustand der Seele
erzeugt eine Veränderung in der Gestalt des Körpers
und umgekehrt:
Eine Veränderung in der Gestalt des Körpers
erzeugt eine Veränderung in dem Zustand der Seele"
[213].

---

[211] Vergl. Joh 20,26
[212] Benedikt XVI. Joseph Ratzinger, Eschatologie, Regensburg 2007, 219.
[213] Aristoteles Zitat, in: Karl R. Popper/John C. Eccles, Das Ich und sein Gehirn, 10. Aufl., München 2008, 220.

Und Aristoteles definiert an anderer Stelle sehr genau das aufeinander bezogen sein von Seele und Leib: „Die Seele ist eben Formursache (…) eines organischen Leibes. Die Seele formt sich den Leib als das ‚Organ', Instrument ihrer Lebensfunktionen und der Tätigkeiten ihrer verschiedenen Vermögen, kann diese aber erst voll ausüben, wenn sie den Leib aufgebaut hat. Daher ist die Seele erst vom organischen Leib die Form-, Bewegungs- und Zweckursache des Leibes in vollem Sinne"[214].

Albertus Magnus stellt die Behauptung auf, „dass die Seele nicht nur als Form Vollendung des Körpers ist, sondern auch als Beweger und Bewirker der Tätigkeiten des beseelten Körpers"[215].

Es ist die Lehre der Kirche,

„dass jede Geistseele unmittelbar
von Gott geschaffen ist"[216].
Die Geistseele wird nicht
von den Eltern „hervorgebracht".
„Sie ist unsterblich"[217].
„Sie geht nicht zugrunde,
wenn sie sich im Tode vom Leibe trennt,
und sie wird sich bei der Auferstehung
von Neuem mit dem Leib vereinen"[218].

---

[214] Aristoteles, Über die Seele, Hamburg 1995, XXII.

[215] Albertus Magnus, Über den Menschen, Hamburg 2004, 63

[216] Vgl. DH 3896

[217] Vgl. DH 902

[218] KKK, München 2005, 366

Nachdem wir uns ein wenig mit der Seele und dem Leib des Menschen befasst haben, wollen wir noch einen Schritt zurückgehen. Da steht zunächst die Frage im Raum:
Warum hat Gott den Menschen ins Dasein gerufen?
Was hat unser Leben hier auf der Erde für einen Sinn?
Was berichtet uns das Alte Testament?

Hier lesen wir:

„Gott schuf den Menschen nach seinem Bilde;
nach dem Bilde Gottes schuf er ihn.
Als Mann und Frau schuf er sie"[219].

Also – Gott hat uns
nach seinem Ebenbild erschaffen.
D.h. unser Leben, unser Dasein
gründet im Willen Gottes.
D.h. aber auch,
dass Gott sich bewusst und willentlich
von uns Menschen, abhängig gemacht hat.
Der Schöpfer hat sich abhängig gemacht
von seinem Geschöpf.
In dieser Abhängigkeit ist ein Scheitern involviert,
denn der Mensch, das Geschöpf Gottes,
kann aufgrund seiner Willensfreiheit,
die der Schöpfer ihm geschenkt hat,
Gott negieren, also diese Abhängigkeit aufkündigen.
Oder er nimmt dankbar das Geschenk als Ebenbild
Gottes an und versucht es mit Gottes Gnade in sein
Leben zu integrieren, es sichtbar werden zu lassen.

---

[219] Gen 1, 27

Und Gott hat den Menschen mit besonderen Fähigkeiten ausgestattet.

Denn:
**„Von allen sichtbaren Geschöpfen
ist einzig der Mensch ‚fähig‘,
seinen Schöpfer zu erkennen und zu lieben"**[220].
**Der Mensch ist „auf Erden das einzige Geschöpf
(...), das Gott um seiner selbst willen gewollt hat"**[221].

Und weiter heißt es:
**„Er allein ist berufen, in Erkenntnis und Liebe
am Leben Gottes teilzuhaben.
Auf dieses Ziel hin ist er geschaffen
und das ist der Hauptgrund für seine Würde"**[222].

Hier ist ganz klar und eindeutig unser Dasein begründet. Es gründet einzig im Willen Gottes, der die Liebe ist. Er möchte uns einmal heimführen in sein Reich. Was muss sich für eine unserem Denken nicht zugängliche Liebe in dem Akt Gottes, sich ein Ebenbild zu schaffen, verbergen.

Im Hinblick auf die Botschaften von Fatima
wollen wir uns jetzt der Frage stellen, warum will Maria viele Seelen retten, damit sich für sie die Himmelspforte öffnet? Was verstehen wir unter Himmel?
In den Himmel kommen und dort leben heißt, „mit Christus sein"[223].

---

[220] GS 12, 3
[221] Ebd. 24, 3
[222] KKK, München 2005, 356

Und weiter lesen wir: „Durch seinen Tod und seine Auferstehung hat uns Jesus Christus den Himmel ‚geöffnet‘. Das Leben der Seligen besteht im Vollbesitz der Früchte der Erlösung durch Christus. Dieser lässt jene, die an ihn geglaubt haben und seinem Willen treu geblieben sind, an seiner himmlischen Verherrlichung teilhaben. Der Himmel ist die selige Gemeinschaft all derer, die völlig in ihn eingegliedert sind"[224].

Die Schönheit an diesem Ort wird wie folgt beschrieben: „Dieses Mysterium der seligen Gemeinschaft mit Gott und all denen, die in Christus sind, geht über jedes Verständnis und jede Vorstellung hinaus. Die Schrift spricht zu uns davon in Bildern, wie Leben, Licht, Frieden, festliches Hochzeitsmahl, Wein des Reiches, Haus des Vaters, himmlisches Jerusalem und Paradies"[225].

Paulus betont: „Was kein Auge gesehen und kein Ohr gehört hat, was keinem Menschen in den Sinn gekommen ist; das Große, das Gott denen bereitet hat, die ihn lieben"[226]. Also ist klar, dass wir uns das Paradies, den Himmel in seiner Schönheit, Einzigartigkeit, Glückseligkeit innerhalb der Liebesgemeinschaft all derer, die voll Sehnsucht auch auf uns warten, nicht vorstellen können. Diese Freude, in der Herrlichkeit des Himmels zu leben und eingegliedert zu sein in die nie mehr endende Gemeinschaft mit dem dreifaltigen Gott, mit Maria und allen

---

[223] Vgl. Joh 14, 3
[224] KKK, München 2005, 1026
[225] KKK, München 2005, 1027
[226] 1 Kor 2, 9

Engeln und Heiligen, übersteigt unser Denk- und Vorstellungsvermögen.

15.7   Die neuen Heiligen im Himmel – unsere Verwandten und Freunde

Zu den Heiligen werden dann auch die gehören, die hier mit uns auf Erden gelebt haben, die wir vielleicht kennen. Dazu werden dann, so hoffen wir, unsere Eltern, Kinder, Geschwister, Verwandten, Freunde und die vielen Generationen, die uns schon vorausgegangen sind, und die vielen, die uns noch nachfolgen werden, gehören. Schon dieser Gedanke allein muss uns doch überglücklich machen und uns Hoffnung und Zuversicht schenken.

Und weil nun Maria genau weiß, welche Herrlichkeit im Himmel auf uns alle wartet, und weil sie doch als unsere Mutter ernsthaft will, dass möglichst viele Sünder noch gerettet werden, bittet sie eindringlich bei ihren Erscheinungen in Fatima die Kinder, für die Bekehrung der Sünder zu beten und Opfer zu bringen, damit sie sich doch noch für Gott entscheiden und umkehren und gerettet werden.

Denn jeder Mensch hat sein Schicksal nach seinem irdischen Leben selbst in der Hand.
Und wie schon anfangs erwähnt:
„Niemand
 wird von Gott dazu vorherbestimmt,
in die Hölle zu kommen"[227].

---

[227] Vgl. DH 1567, in: KKK, München 2005, 1037

Also können wir uns voll Zuversicht und im Glauben an ein Leben nach dem Tode beim Herrn freuen und optimistisch in die Zukunft blicken. Denn sein Wort ist wahr und vergeht nicht. Dann, wenn Gott „alles neu" macht[228], im himmlischen Jerusalem, wird er seine Wohnung unter uns Menschen haben.

„Er wird alle Tränen von ihren Augen abwischen:
Der Tod wird nicht mehr sein,
keine Trauer, keine Klage, keine Mühsal.
Denn was früher war, ist vergangen"[229].

Bei solch einer glücklich machenden Zukunftsvision und in der Erwartung und in der Hoffnung, wenn er kommt, auch dazuzugehören, mit ihm zu leben, sind wir alle aufgerufen mitzuwirken, damit die Zahl derer, die dann eintreten in das himmlische Jerusalem, stetig wächst.

15.8   Was sollen wir tun?

Und so müssen wir uns die Frage stellen, was sollen, was können wir tun, damit die Zahl derer, die mit Christus für immer zusammenleben werden, stetig wächst? Auf den Punkt gebracht muss die Frage lauten: „Wie kann die Botschaft von Fatima ‚hic et nunc' (hier und jetzt) in den Ortskirchen umgesetzt, wie kann sie fruchtbar gemacht werden?

---

[228] Vgl. Offb 21, 5, in: KKK, München 2005, 1044
[229] Vgl. Offb 21, 4, in: KKK, München 2005, 1044

Der erste Schritt wäre die Bekanntmachung der Bedeutung von Fatima. In einem weiteren Schritt könnten Gebetsgruppen gebildet werden, die bereit sind, Rosenkränze für die Bekehrung der Sünder zu beten, und auch in anderen Anliegen wie z. B. für den Frieden in der Welt. So könnte aus diesem gemeinsamen Beten für den Anderen, den das Ich nicht kennt, aus dieser gemeinsamen Sorge für das Heil des unbekannten Anderen, eine Solidargemeinschaft heranwachsen, aus der heraus sich eine positive Grundstimmung bildet, die dann auch gewisse Aktivitäten in der jeweiligen Pfarrgemeinde freisetzen kann. So könnten Gruppen gebildet, Programme entwickelt werden.

Die Voraussetzung für solche Projekte ist das „Ja" jedes Einzelnen in der Beantwortung der Frage Marias[230]:

„Wollt ihr euch Gott anbieten,
um alle Leiden zu ertragen,
die Er euch schicken wird,
zur Sühne für alle Sünden,
durch die Er beleidigt wird
und als Bitte für die Bekehrung der Sünder" [231]?

Diese Frage Marias ist konkret in das „Jetzt" gestellt. Diese Frage Marias gilt jedem von uns.

---

[230] Anna Roth, Maria: Ihre Christozentrik im Spiegel der Theologie, Marburg 2008, 120
[231] Sr. Lucia spricht über Fatima, 7. Aufl., Fatima 2001, 182

15.9   Das Apostolat Marias

Wir müssen erst einmal die Größe Marias erfassen, damit wir die Aufgabe, die Maria als die Mutter des Universums, als Mutter der Menschheit an sich hat, wenigstens annähernd denken können.

Hier an dieser Stelle wollen wir uns mit nur zwei Aspekten des marianischen Apostolates befassen, und zwar mit dem Apostolat des Durchtragens und mit dem Apostolat des Kreuzes.

Zeitgleich mit ihrem „fiat", d. h. mit ihrem „mir geschehe", beginnt das große, weltumspannende marianische Apostolat, das keine geringere Aufgabe hat als die, die Menschheit an sich zu Christus zu führen.

Was hat Maria denn so Großes getan?

„Maria hat eigentlich nur eines getan: ihren Sohn empfangen. Alles andere war nur die Entfaltung dieses einzigen Themas ihres Lebens. Sie hat nicht nur in einer großen Stunde einmal ja gesagt; sie hat dieses Ja durchgetragen, geduldig, schweigend, beharrlich, in der ruhigen Sicherheit des wahrhaft Glaubenden, in der reifen Einfalt wirklicher Größe, (...) durchgetragen durch ein ganzes Leben"[232].

Maria ist ihrer Aufgabe, ihrer Berufung treu geblieben bis unter das Kreuz. Wer kann es nachvollziehen, das Leid, das sie in mütterlicher, sich ganz verzehrender Liebe getragen hat? So können wir sagen, dass „das Apostolat der seligsten Jungfrau (...) ein Apostolat des Kreuzes (ist),

---

[232] Karl Rahner, Maria, Mutter des Herrn, Bd. 9, Freiburg 2004, 618

des vom Schwert der Schmerzen durchbohrten Herzens, der Vergeblichkeit, des Mittragens des Schicksals ihres Sohnes, (…) (es) ist ein Apostolat der Hoffnung wider alle Hoffnung, des Glaubens, bevor der Sieg da ist, des Wagnisses, das nicht schon von vornherein belohnt ist, der Treue, die alles darangibt. Selig bist du, die du geglaubt hast, wurde ihr gesagt"[233].

Wir sehen, Maria ist die, die allen Widernissen der Zeit trotzt. Sie geht unbeirrbar ihren Weg. Ihr Weg ist Sein Weg. Sie lebt nur für ihren göttlichen Sohn. Sein Wollen ist ihr Tun. Aber sie will mit uns gemeinsam tun. Sie braucht Helfer für ihre große Aufgabe. Und so trägt sie mit der großen Botschaft von Fatima den Wunsch ihres Sohnes, möglichst viele Seelen zu Ihm zu führen, hinaus in die Welt.

15.10 Fatima ist „Misericordia"

Wir wissen, dass Gott die Sünder retten will. Maria, die Magd des Herrn, erscheint in Fatima, um die Menschheit vor dem ewigen Tod zu retten. Das ist ein Akt der Barmherzigkeit Gottes. Denn Fatima ist eben keine Drohbotschaft – sondern Fatima ist Gnade Gottes. Fatima ist Barmherzigkeit Gottes.

Warum? Weil Maria mit ihrem Kommen in Fatima der gesamten Menschheit einen neuen Weg eröffnet: den Weg der Stellvertretung, den Weg des stellvertretenden

---

[233] Vgl. ebd., 619

Betens und den Weg des stellvertretenden Opferns für die Bekehrung der Sünder.

Gott ist die Barmherzigkeit. Und Maria – die Mutter der Barmherzigkeit – bittet für die gesamte Menschheit ununterbrochen die Barmherzigkeit Gottes auf uns Menschen herab. Maria will, dass der barmherzige Gott besonders jene, die seiner Barmherzigkeit am meisten bedürfen, und auch die gesamte Menschheit in seinen wärmenden Gnadenmantel hüllt, damit alle gerettet werden.

Das ist ja die große Bitte von Fatima an Jesus, alle Seelen in den Himmel zu führen. Diese Bitte konkretisiert sich immer dann, „wenn wir (…) aus Liebe zu Gott, im Glauben an ihn, in der Hoffnung auf seine sich uns schenkende Gnade, aus uns heraus- und auf den anderen zugehen, dann wird es *wahr*, dann schenkt Gott der Menschheit den Frieden, dann bekehrt er den Sünder, dann erfüllt sich die Botschaft von Fatima. Dann nimmt der Mensch existenziell teil am Heilsgeschehen Gottes, dann wirkt er mit am Heilsgeschehen Gottes"[234]. Denn „Christus (bleibt) nicht außerhalb von uns oder neben uns stehen (…), sondern (bildet) mit uns eine tiefe, neue Gemeinschaft (…). Alles, was sein ist, wird unser, und alles, was unser ist, hat er angenommen, so dass es sein wurde:

---

[234] Anna Roth, Maria: Ihre Christozentrik im Spiegel der Theologie, Marburg 2008, 121-122

Dieser große Austausch ist der eigentliche Inhalt der Erlösung, die Entschränkung unseres Ich und das Hineinreichen in die Gemeinschaft mit Gott"[235].

Soll dieser Austausch sich vollziehen, sind wir bereit mitzuwirken am Erlösungswerk Christi, dann heißt das Zauberwort: „solidarisch sein *mit* (…), Verantwortung übernehmen *für*"[236].

Dann vollzieht sich die echte Selbstverwirklichung nicht im eigenen „Ego-Trip", sondern in der Stellvertretung *für*. In dieses Werk der Stellvertretung *für* schenkt der uns liebende Gott seine unüberbietbare Barmherzigkeit hinein, um es fruchtbar zu machen.

Und so wird klar: Fatima und die Barmherzigkeit Gottes gehören zusammen. Denn Fatima heißt: Seelen retten. Und Fatima ist nicht vorbei. Fatima ist jetzt, denn bis zur Wiederkunft Christi benötigt Maria unsere Hilfe, um noch vielen Seelen eine Chance zu geben. Aus diesem Grunde können wir Fatima nicht als etwas Vergangenes abhaken. Nein, Fatima geht mit uns durch diese Zeit hindurch.

Gott braucht uns jetzt! Paulus sagt:
„Jetzt ist sie da, die Zeit der Gnade,
jetzt ist er da, der Tag der Rettung"[237].

---

[235] Joseph Ratzinger/Benedikt XVI., Gott und die Welt, München 2005, 263
[236] Anna Roth, Maria; Ihre Christozentrik im Spiegel der Theologie, Marburg 2008, 120
[237] 2 Kor 6, 2b

Wenn wir uns auf die Barmherzigkeit Gottes einlassen, wenn wir die Bitten Marias in Fatima erfüllen, wenn wir für die Bekehrung der Sünder beten und opfern, dann wird Gott die Sünder retten.

Denn:
Fatima ist Barmherzigkeit Gottes!
Fatima ist Rettung!

16.   Planetenkonstellationen
20. November 2016-
23. September 2017

Der modernen Wissenschaft verdanken wir es, dass die
Bahn der Sterne und die Konstellationen, die sie auf
ihrem Lauf bilden, genauestens berechnet und somit
Vorhersagen über die Daten der Erscheinungen also des
Sichtbarwerdens der Geschehnisse veröffentlicht werden
können[238].

Festzuhalten sind folgende Ereignisse:
**„Am 20. November 2016 ist der Planet Jupiter
in das Sternzeichen der Jungfrau eingetreten und
bleibt dort bis zum 23. September 2017.**
Jupiter ist das Symbol des höchsten Gottes,
des großen Königs, des Herrn des ganzen Universums.
Er verweilt etwas mehr als neun Monate
in der „Jungfrau": die Zeit, in der ein Kind
unter dem Herzen der Mutter heranwächst"[239].
Das erinnert an die Menschwerdung des göttlichen Sohnes, den Maria neun Monate unter ihrem Herzen trug.
Denn Maria war von Gott dazu erwählt, Mutter des göttlichen Sohnes zu werden.

Aus der Schrift wissen wir, dass die Sterndeuter, die heiligen drei Könige aus dem Osten, sich auf den Weg nach
Jerusalem machten, um dem neugeborenen König der
Juden zu huldigen, denn sie hatten seinen Stern aufgehen
gesehen[240].

---

[238] Vgl. Florian Kolfhaus in: Kirche heute Nr.5/Mai 2017, 7
[239] Ebd. 7.
[240] Vgl. Mt 2,1-2

Aus diesem damaligen Geschehen erkennen wir, dass Gott uns evtl. auch durch seine Schöpfung, durch die Gestirne etwas mitteilen möchte.

Es war der letzte Sonntag im Kirchenjahr, als Jupiter am 20. November 2016 in das Sternbild der Jungfrau trat. Gleichzeitig ging das Jahr der Barmherzigkeit Gottes zu Ende. In diesem Jahr, am 23. September 2017, wird die außergewöhnliche Planetenkonstellation enden[241]

Gleichzeitig wird etwas Großartiges geschehen.
Denn wenn

„Jupiter aus der „Jungfrau" heraustritt,
kommt es dazu, dass sich die Sonne
hinter dem Sternbild der Virgo (Jungfrau) erhebt,
während unterhalb der Mond sichtbar sein wird.
Über der „Jungfrau" formen die neun Sterne des
Löwen zusammen mit den Planeten Venus, Merkur
und Mars eine Krone"[242].

Dieses Geschehen verweist uns auf die Offenbarung des Johannes. Er schreibt:

„Dann erschien ein großes Zeichen am Himmel:
eine Frau, mit der Sonne bekleidet;
der Mond war unter ihren Füßen
und ein Kranz von zwölf Sternen
auf ihrem Haupt"[243].

---

[241] Vgl. Florian Kolfhaus in: Kirche heute Nr. 5/Mai 2017, 7.
[242] Ebd.
[243] Offenb. Joh 12,1.

Dieses große Ereignis im Jahre 2017
fällt exakt mit dem großen 100jährigen Fatima-Jubiläum
zusammen.

Ist das ein Zeichen der Hoffnung auf den Triumpf des
Unbefleckten Herzens Marias?

17. Anhang:
Die Sakramente sind für die Menschen da, zur Stärkung, Heiligung und Rettung. Die Kirche ist keine geschlossene Gesellschaft.

Jeder geweihte Priester steht in der Nachfolge des guten Hirten. Jesus selbst bekennt:

„Ich bin der gute Hirt. Der gute Hirt gibt sein Leben hin für die Schafe"[244]. Und an anderer Stelle gibt Er selbst vor, wie Priester sich gegenüber den Menschen, die der Kirche nicht so nahestehen, zu verhalten haben: „Das zerknickte Rohr zerbricht Er nicht, den glimmenden Docht löscht Er nicht aus" [245].

Was könnte diese Aussage für die praktische Umsetzung bedeuten? An einem Beispiel möchte ich es konkretisieren. Wenn Eltern, trotzdem sie nicht mehr der Kirche so nahestehen, ihr Kind taufen lassen möchten, und kirchenrechtlich diesem Wunsch nichts entgegensteht, dann sollte ihnen diese Bitte gerne erfüllt werden.

Auch wenn die Eltern selbst nicht mehr so glaubensfest leben, sollte doch die Freude darüber, dass sie dennoch ihr Kind taufen lassen möchten, überwiegen. Denn „die Taufe ist die Eingangspforte zu den Sakramenten"[246]. Gerade hier bietet sich die Chance gleichfalls den Eltern durch freundliche Zuwendung und persönliche Begegnungen die Glaubenstür wieder zu öffnen und das verloren gegangene Interesse zu wecken.

---

[244] Joh 10,11
[245] Vgl. Mt 12,20
[246] Codex Iuris Canonici 4.Aufl. 1994, Can. 849

Diese Vorgehensweise sollte auch, was den Empfang der Eucharistie betrifft, praktiziert werden.

Wenn die Eltern das Kind zum Empfang dieses Sakramentes angemeldet haben, obwohl sie z. Zt. nicht mehr als praktizierende Christen leben, sollte man dem Kind das Sakrament nicht vorenthalten. Der Unglaube der Eltern darf nicht auf dem Rücken des Kindes ausgetragen werden. Ein Kind von ca. neun Jahren ist offen und bereit dieses so wichtige Sakrament zu empfangen. Ist doch die Eucharistie „kostbare Nahrung des Glaubens, Begegnung mit Christus, der wirklich gegenwärtig ist mit dem höchsten Akt der Liebe, Hingabe seiner selbst"[247].

Gerade jetzt gilt es, der Begegnung mit den Eltern freundliche Aufmerksamkeit zu schenken. Vielleicht die Familien zu besuchen, ein verständnisvolles Aufeinander zugehen zu ermöglichen, getragen von der Liebe Gottes, dessen Wille es ist, dass alle gerettet werden.

Denn „das erhabenste Sakrament ist die heiligste Eucharistie, in der Christus der Herr selbst enthalten ist, als Opfer dargebracht und genossen wird"[248]. Dieses wunderbare Sakrament, das täglich empfangen werden kann, das jeden, der es im Glauben empfängt, stärkt, heiligt und die Freundschaft mit Christus lebendig und tief gestaltet, darf den Kindern nicht verwehrt werden.

Denn „die Feier der Eucharistie ist eine Handlung Christi selbst und der Kirche; in ihr bringt Christus der Herr durch den Dienst des Priesters sich selbst, unter den Gestalten von Brot und Wein wesenhaft gegenwärtig, Gott

---

[247] Papst Franziskus Enzyklika LUMEN FIDEI 2013, 51
[248] Codex Iuris Canonici 4.Auflage 1994, Can.897

dem Vater dar und gibt sich den Gläubigen, die in seinem Opfer vereint sind, als geistliche Speise[249].

Ich erachte es als sinnvoll, wenn die Kommunionkinder nach dem Empfang der Erstkommunion zu weiteren regelmäßigen Treffen eingeladen werden mit dem Ziel, nach ca. zwei Jahren das Sakrament der Firmung zu empfangen.

17.1 Firmung – der Weg ist das Ziel

In diesen zwei Jahren der Vorbereitung auf die Firmung sollte die Glaubenslehre vertieft und auf die regelmäßige wöchentliche Teilnahme an der Eucharistiefeier sowie auf den monatlichen Empfang des Buß-Sakramentes großen Wert gelegt werden. Das Zweite Vatikanische Konzil betont, dass die Sakramente auf die Heiligung des Menschen hin geordnet sind, d.h. auch, dass sie den, der sie im Glauben empfängt, stärken und nähren, d.h. ihn reich mit der heiligenden Gnade beschenken. Man nennt sie deshalb die Sakramente des Glaubens[250].

Die konsequente Hinführung zur Firmung hat einen großen Vorteil. Das Glaubensleben wird regelmäßig praktiziert, das Glaubenswissen vertieft und erweitert, der Wunsch, das Sakrament der Firmung zu empfangen, gefördert.

---

[249] Ebd. Can.899
[250] Vgl. ZWEITES VATIKANISCHES KONZIL, Konstitution über die heilige Liturgie 59

Wenn aber die Zeitabstände zwischen dem Empfang der Eucharistie und der Firmung zu weit auseinanderliegen, oft fünf Jahre und länger, melden sich leider viele Jugendliche nicht mehr zur Firmung an. Das ist sehr schade und könnte vermieden werden. So werden aktuell nur noch ca. 70 % aller Erstkommunionkinder gefirmt.
Doch erst diese drei Sakramente wie Taufe – Firmung – Eucharistie führen zur vollen christlichen Initiation[251].

Und das Sakrament der Firmung drückt ein Prägemal ein. Es beschenkt und stärkt den Firmling mit der Gabe des Heiligen Geistes und verbindet ihn vollkommener mit der Kirche[252].

Erst „die Firmung vollendet die Taufgnade.
Sie ist das Sakrament, das den Heiligen Geist verleiht, um uns in der Gotteskindschaft tiefer zu verwurzeln, uns fester in Christus einzugliedern,
unsere Verbindung mit der Kirche zu stärken, uns mehr an ihrer Sendung zu beteiligen und uns zu helfen, in Wort und Tat für den christlichen Glauben Zeugnis zu geben"[253].

Die Firmung vertieft also die Taufgnade und vermehrt in uns die Gaben des Heiligen Geistes, d. h. der Firmling wird beschenkt mit der Kraft des Heiligen Geistes[254]. So ausgestattet wird er befähigt, Zeuge für Christus zu sein. Die hier aufgeführten Aussagen weisen auf den hohen Stellenwert der Firmung hin. Ein kürzerer Zeitrahmen

---

[251] Vgl. Codex Juris Canonici 4.Aufl. 1994, Can. 842 - §2

[252] Vgl. ebd. Can. 879

[253] KKK V 1316

[254] Vgl. ebd. III 1303

zwischen dem Empfang der Eucharistie und dem Empfang der Firmung würde sich bestimmt positiv hinsichtlich der Bereitschaft dieses Sakrament empfangen zu wollen, auswirken.

Der Empfang des Firm-Sakramentes würde dann in der Regel zwischen dem elften und zwölften Lebensjahr erfolgen. Die Firmlinge wären keinesfalls zu jung, denn an dieser Stelle ist nach Thomas von Aquin eine feine Unterscheidung zu treffen: „Das leibliche Alter ist nicht maßgebend für das der Seele"[255]. Auch die Lösung durch ein neues Modell, das der Augsburger Religionspädagoge Georg Langenhorst vorgeschlagen hat, wäre denkbar. Er plädiert dafür, zu einem Modell der alten Kirche zurückzukehren, und zwar in der Reihenfolge: Taufe – Firmung – Eucharistie. Bei dieser Vorgehensweise wäre mit dem Empfang der Erstkommunion die volle Initiation abgeschlossen. Er möchte den Zeitpunkt der Firmung mit der Einschulung gleichsetzen und sieht hierin eine optimale Lösung"[256].
Ein Nachdenken über dieses Modell wäre ebenfalls empfehlenswert.

17.2   Beichten macht Sinn

Abschließend möchte ich noch einmal kurz auf das Sakrament der Beichte eingehen, obwohl
dieses Thema schon in diesem Buch intensiv besprochen worden ist. An dieser Stelle sollte aber doch die Frage erlaubt sein, warum erfährt dieses für das Seelenheil des

---

[255] (s.th. 3,72,8, ad 2) in: KKK 1308
[256] Vgl.www.katholisch.de/plädoyer für ein neues Modell

Menschen so wichtige Sakrament so wenig Beachtung? Ist es nicht ein göttlicher Auftrag Sünden zu vergeben? Hat Jesus nicht selbst seine Jünger kraft seiner göttlichen Autorität ausgestattet mit der Gnade und Macht Sünden zu vergeben, indem er sie anhauchte und sprach: „Empfangt den Heiligen Geist! Wem ihr die Sünden vergebt, dem sind sie vergeben; wem ihr die Vergebung verweigert, dem ist sie verweigert"[257].

Gott ist es, der die Sünden vergibt. „Weil Jesus der Sohn Gottes ist, sagt er von sich, „dass der Menschensohn die Vollmacht hat, hier auf der Erde Sünden zu vergeben" (Mk 2,10). Er übt diese göttliche Vollmacht aus. Mehr noch: Kraft seiner göttlichen Autorität gibt er Menschen diese Vollmacht (vgl. Joh 20,21-23).

Er hat jedoch die Ausübung der Absolutionsgewalt dem apostolischen Amt anvertraut. Und so schenkt die Kirche durch den Bischof und seine Priester im Namen Jesu Christi die Sündenvergebung"[258].

Werfen wir kurz noch einmal einen Blick auf die Botschaft von Fatima. Maria fordert die Kinder auf, für die Bekehrung der Sünder zu beten. Wo und wie aber findet Bekehrung konkret statt? Zuerst natürlich im Herzen des Menschen. Er bemerkt, irgendetwas ist nicht so ganz in Ordnung. Er fühlt sich nicht gut in seinem Innern. Er denkt nach, so wird ihm Erkenntnis geschenkt. Er empfindet Reue über sein Versagen.

---

[257] Joh 20,22b. 23
[258] Vgl. KKK 1441, 1442, 1448

Mit dieser Reue darf aber der Sünder nicht allein gelassen werden. Er benötigt Hilfe, Verständnis, ein liebendes Herz, das ihm den Weg zur Versöhnung, in einem ersten Schritt mit dem Mitmenschen, in einem zweiten Schritt mit Gott und in einem dritten Schritt mit sich selbst aufzeigt. Denn nur die Versöhnung mit Gott kann ihn letztendlich freimachen, ihn befreien, ihm Vergebung bringen, kann ihm helfen, sich selbst besser zu erkennen. Die Beichte schenkt Selbsterkenntnis. Selbsterkenntnis eröffnet den Weg zur positiven Persönlichkeitsentwicklung.

Eine gute Predigt, ein regelmäßiges Beichtangebot ist vonnöten. Vielen Menschen fällt der Gang zur Beichte bzw. zum Empfang des Bußsakramentes sehr schwer. Oft kostet es sie eine große Überwindung, diesen Schritt zu tun.

Umso wichtiger ist es, dass der Priester, der diesen kostbaren Dienst verrichtet, sich sehr intensiv vorbereitet, durch Gebet und Meditation. Damit er die Not der beichtenden Seele erkennt, damit Gott ihm die Gnade schenkt, sich tiefer in die Situation des Beichtenden hinein zu versetzen, damit die Beichte fruchtbar wird, damit diese Seele gestärkt, erleichtert und in gewisser Freude den Beichtstuhl verlässt und zukünftig den Weg dorthin öfter findet.

Aus diesem Grunde ist es ratsam, die Priesteramtskandidaten im Priesterseminar sehr intensiv mit größter Sorgfalt und tiefer geistiger Führung auf den Dienst als Spender des Bußsakramentes vorzubereiten.

Zur Aufgabe des Priesters gehört es auch, die Gläubigen zum Empfang des Buß-Sakramentes zu ermutigen. Denn

„wenn der Priester das Bußsakrament spendet, versieht er den Dienst des Guten Hirten, der nach dem verlorenen Schaf sucht; den des guten Samariters, der die Wunden verbindet; den des Vaters, der auf den verlorenen Sohn wartet und ihn bei dessen Rückkehr liebevoll aufnimmt"[259].

So ist der Priester Zeichen und Werkzeug der barmherzigen Liebe Gottes zum Sünder[260].
Das ist eine wunderbare große aber auch schwere Aufgabe. Ich bin fest davon überzeugt, dass die weitaus überwiegende Mehrheit der Priester sich mit aufopfernder Hingabe dem Auftrag Christi, Arbeiter im Weinberg des Herrn zu sein, gerne und mit Freuden stellt.

Natürlich ist es notwendig, dass der Beichtvater in der entsprechenden Haltung das Bußsakrament spendet[261]. Denn er ist nicht Herr, sondern Diener der Vergebung Gottes. Und so soll er sich mit der Absicht und der Liebe Christi vereinen. Er soll den Pönitenten geduldig der Heilung entgegenführen, für ihn beten und Buße tun und ihn der Barmherzigkeit Gottes anvertrauen. Auch hier wird die Bitte Marias in Fatima sichtbar: Beten und Buße tun.

Denn Fatima ist Barmherzigkeit Gottes, ist Mitleid mit dem Sünder. Jesus selbst betont ausdrücklich, dass die größten Sünder sogar ein Recht haben auf die große

---

[259] KKK 1465
[260] Vgl. ebd.
[261] Vgl. ebd. 1466

Barmherzigkeit Gottes[262]. Wie heilsam wäre diese Botschaft für viele verzweifelte Seelen, würde sie doch nur in der Kirche, der Kirche Christi, verkündigt.

Der Beichtdienst, leider zu einem lästigen, unliebsamen Dienst in manchen Pfarreien herabgestuft, ist von großer Wichtigkeit. Er ist ein Geschenk Jesu an die Menschheit und gibt ihnen die Möglichkeit wirklich wieder „heil" zu werden.

Deshalb erfordert dieser Beichtdienst Achtung und äußerste Behutsamkeit gegenüber dem Beichtenden. Jeder Priester, der Beichte hört ist unter strengsten Strafen verpflichtet, über die Sünden, die seine Pönitenten ihm gebeichtet haben, absolutes Stillschweigen zu wahren. Das Beichtgeheimnis lässt keine Ausnahmen zu, das „sakramentale Siegel", d. h.: alles das, was der Pönitent dem Priester anvertraut hat, bleibt durch das Sakrament „versiegelt"[263]. Das bedeutet, dass der Pönitent sich voll Vertrauen an den Priester wenden kann. Allerdings sollte der Beichtpriester auf dieses ihm geschenkte Vertrauen sehr behutsam eingehen. Eine Bemerkung, die an dieser Stelle gar nicht zum Problem des Pönitenten (Beichtenden) passt, kann sehr viel Seelenschaden anrichten.

Priester sein heißt, nach dem Vorbild Jesu, Hirte sein, heißt dem verlorenen Schaf nachzugehen, es zu suchen, heißt alles aufzubieten, um es liebevoll einzugliedern in die Herde, die Kirche, den Leib, dessen Haupt Christus ist.

---

[262] Vgl.Schwester Maria Faustyna Kowalska, Tagebuch, 2. Aufl., Hauteville 1991, 358.384
[263] Vgl. KKK 1464, 1465, 1466,1467

Genau darum geht es auch in der Botschaft von Fatima. Denn Gott will den Sünder retten. Für ihn hat Er sein Blut vergossen. Es gilt also, die Botschaft von Fatima mehr in die Kirche, in das kirchliche Leben und Wirken, in die Verkündigung hineinzutragen, sie pastoral fruchtbar zu machen, damit die Menschen wieder den Weg zu Christus finden.

Und damit die Menschen den Weg zu Christus finden, sollten die Priester zum Sakramenten-empfang einladen.

Denn die Sakramente dienen der Heiligung des Menschen. Sie sind für die Menschen da. Sie dürfen nicht wie in einem Tresor unter Verschluss gehalten werden. Die Kirche ist keine geschlossene Gesellschaft.

Sie sollte, wie schon erwähnt, den ihr fernstehenden Eltern den Wunsch nicht verweigern, die Kinder zum Empfang der Sakramente wie der Taufe und der Eucharistie zuzulassen. Gerade hier gilt es, die Tür weit zu öffnen und die Chance für eine freundschaftliche Begegnung zu nutzen.

An dieser Stelle möchte ich
die Bundeskanzlerin Angela Merkel zitieren:

„Ich wünsche mir, dass die Kirchen offen sind für Menschen, die erst noch zum Glauben finden, dass die Barrieren niedrig sind und die Kirchentüren offen" [264].

Auch sollten die Gläubigen oft zum Gebet, zur eucharistischen Anbetung und zur Eucharistiefeier eingeladen werden. Dabei ist es empfehlenswert, die eucharistische Anbetung entweder vor oder nach der Eucharistiefeier anzubieten.

Natürlich gibt es Pfarreien, in denen dies alles praktiziert wird. Leider kann nicht grundsätzlich davon ausgegangen werden.

Ein anderes ebenso wichtiges Anliegen betrifft den Empfang der Eucharistie an sich. Hier prüfe sich jeder selbst, bevor er zur Heiligen Kommunion geht, ob er auch entsprechend disponiert ist, damit er sich nicht das Gericht zuzieht [265].
Deshalb ist es so wichtig, besonders was diese Thematik anbelangt, den Menschen Hilfestellung anzubieten und sie freundlich aber regelmäßig zur Beichte d. h. zum Sakrament der Versöhnung einzuladen.

Grundsätzlich geht es immer um das Seelenheil sowohl des einzelnen Menschen als auch der Menschheit an sich.

---

[264] Angela Merkel in: Kirchenzeitung Erzbistum Köln 2017, Nr. 23, S.6
zeit[265] Vergl. 1 Kor 11,28f

Und somit hat der pastorale Dienst durchaus etwas mit der Botschaft von Fatima gemein. Denn Fatima heißt Seelen retten. Die Rettung der Seelen aber geschieht nicht außerhalb oder neben der Kirche sondern in und mit der Kirche. Deshalb sollte die Botschaft Marias von Fatima in den pastoralen Dienst der Kirche integriert und verkündet werden. Nur so kann sie eine maximale Wirkkraft entfalten.

Es ist Maria, die Mutter Jesu, die gemeinsam mit ihrem göttlichen Sohn für die Rettung der Seelen kämpft.

Fazit:
Marianisch sein heißt christologisch sein.
Das beweisen die vielen großen marianischen Wallfahrtsstätten weltweit.
Maria ist Werkzeug Christi.
Marianische Stätten
sind immer christologische Stätten.

Denn es ist Maria,
die die Seelen zu Christus führt.
Sie ist der Weg zu ihm.

18. Schlussbemerkung

Zum Ende hin möchte noch anmerken, dass ich persönlich schon mehr als 20mal in Fatima gewesen bin. Dieser Wallfahrtsort mit den vielen Menschen, die Tag und Nacht dort betend verweilen, hat tiefe Eindrücke in mir hinterlassen.

Es geht von dieser heiligen Stelle eine inspirierende Kraft aus. Eine Kraft, die nicht greifbar ist, aber ergreift. Die Menschen, die diesen Ort besuchen, überzeugen. Sie setzen alles auf die Hilfe Marias. Maria ist sozusagen ihre „Herz-Trumpf-Karte". Diese lassen sie sich nicht abnehmen. Die Pilgerzahl steigt ständig. Nach neuesten Zeitungsberichten (Welt am Sonntag Nr. 19 / 07. Mai 2017, S. 53) sollen es in 2016 sogar über 6 Millionen Pilger gewesen sein, die den Wallfahrtsort Fatima besucht haben. Auch Lourdes/Frankreich verzeichnet jährlich ca. 6 Millionen Pilger.

Keine Regengüsse, keine Kälte können diese gläubigen Pilger davon abhalten, stundenlang durchnässt in der Kälte auszuharren und weiter zu singen, zu beten, zu hoffen, zu glauben, zu bekennen.

Denn in Fatima, das auf einer Anhöhe liegt, kann es auch in den Sommermonaten am Abend sehr kalt werden. Es ist ein wundervoller Anblick, wenn die Menschen sich abends zur Lichterprozession auf dem großen Platz am Heiligtum versammeln und sich gegenseitig die Kerzen anzünden und sich die gesamte Fläche in ein riesiges Lichtermeer verwandelt, das auch die Stufen zur Basilika hoch, wo ebenfalls Pilger sitzen, erfasst. Das ist Glaube.

Hier ist ein Beichtzentrum, in dem in vielen Sprachen die Möglichkeit zur Beichte besteht, die auch von vielen Menschen wahrgenommen wird. Ständig wird das Messopfer gefeiert, sei es in der Erscheinungskapelle, die die vielen Menschen gar nicht fassen kann, sei es in der Basilika. In der Erscheinungskapelle wird der Rosenkranz international, d. h. in vielen Sprachen gebetet. In der Sakramentskapelle wird Tag und Nacht vor dem ausgesetzten Allerheiligsten gebetet. Der große Kreuzweg, der ca. einen Kilometer vom Heiligtum entfernt liegt und sehr schön in der Natur angelegt ist, beeindruckt immer aufs Neue, weil den vielen Pilgern nichts zu weit und zu mühsam ist, ihren Glauben kundzutun.

Auch hier geht es international zu. Es wird in vielen Sprachen gebetet und gesungen und es ist nichts von einer Glaubenskrise, wie in Deutschland oder in anderen westlichen Industrienationen, zu spüren. Im Gegenteil, der Besucherstrom wächst ständig. So wurde am 13. Oktober 2007 eine neue Basilika zu Ehren der Allerheiligsten Dreifaltigkeit errichtet. Hier finden 9.000 Pilger einen Sitzplatz, wovon es 8633 Sitzplätze in der Hauptkirche gibt. Und zusätzlich finden sich in den Beichtkapellen noch weitere 600 Pilger einen Sitzplatz. Das Gebäude selbst ist 18 m hoch und 125 m im Durchmesser[266].

Ich bin fest davon überzeugt, dass Maria der Weg zu Jesus ist und dass sie jeden, der sich ihr anvertraut, zu Ihm,

---

[266] Vgl. A. Fugel/G.Inglin: Fatima in Wort und Bild, Aadorf/Schweiz 2007, 35

d. h. in seine Kirche führt, und dass sie in einem weiteren Schritt für die, die sich von ihr führen lassen, von Gott die Gnade erbittet, sich um das Seelenheil des Nächsten in Liebe zu kümmern. So entsteht eine weltweite Solidargemeinschaft, die bis zur Wiederkunft des Herrn stetig wächst. Gemeinsam mit Maria, der Mutter des göttlichen Sohnes, durchwirken und kneten sie mit ihren Gebeten und Opfern den Weltenteig, der die gesamte Menschheit umfasst. Sie verleihen ihm den rechten Geschmack, auf das viele Menschen den Weg zum Herrn erkennen, damit sich die Bitte Marias in Fatima erfüllt.

19. Literaturverzeichnis

ALBERTUS MAGNUS: Über den Menschen, Hamburg 2004

ARISTOTELES: Über die Seele, Hamburg 1995

ARISTOTELES: Zitat, in: Karl Popper/John C. Eccles: Das Ich und sein Gehirn, 10. Aufl., München 2008

BRANDSCHEIDT, Renate: Herz Biblisch, in: LThK, 3. Aufl., Sonderausgabe 2006

BRUGGER, Walter/SCHÖNDORF, Harald (Hg.): PhW, Freiburg 2010

CODEX IURIS CANONICI

DH DENZINGER, Heinrich/HÜNERMANN, Peter: Kompendium der Glaubensbekenntnisse und kirchliche Lehrentscheidungen, 40. Aufl., Freiburg 2005

ECCE MATER TUA: Gebetstext-Auszug

FUGEL, Adolf/INGLIN, Georges: Fatima in Wort und Bild, Aadorf/Schweiz 2007

JOHANNES PAUL II.: Rosarium Virginis Mariae. Verlautbarungen des Apostolischen Stuhls 2002, Nr. 156

JOHANNES PAUL II. und MUTTER TERESA: Mit der Liebe Gottes, 2. Aufl., Leipzig 2004

KASPER, Walter: Barmherzigkeit, Freiburg 2012

KKK, KATECHISMUS DER KATHOLISCHEN KIRCHE, München 2005

KÖSTER, H. M.: Herz Mariä, in: Marienlexikon, Bd. 3, St. Ottilien 1991

KOLFHAUS, Florian: Kirche heute Nr. 5/Mai 2017

KOWALSKA, Schwester Maria Faustyna: Tagebuch, 2. Aufl., Hauteville 1991

LANGENHORST, Georg, in: www. plädoyer für ein neues Modell

LINK, H.-G.: Hoffnung, in: HWPh, Bd. 3, 1974, in: SANDKÜHLER, H. J. (Hg), EPh, Hamburg 2010

LOHFINK, Gerhard/WEIMER, Ludwig: MARIA – nicht ohne Israel, Freiburg 2008

LUCIA, Sr.: Schwester Lucia spricht über Fatima, 7. Aufl., Fatima 2001

LThK Lexikon für Theologie und Kirche, Sonderausgabe, Freiburg 2006

MAAS-EWERD, Theodor: Herz Mariä, Verehrung, in: LThK, Sonderausgabe, Freiburg 2006

MANTKE, Wolfram Eckhard: Die Erscheinungen der Hl. Maria in Fatima, Fatima 2005

MARGARETA MARIA, hl.: Petit bréviaire du Sacré Coeur de Jésus, Nancy 1882

MENKE, Karl-Heinz: Fleisch geworden aus Maria, Regensburg 1999

MENKE, Karl-Heinz: Stellvertretung, Freiburg 1991

MERKEL, Angela: Kirchenzeitung Erzbistum Köln 2017, Nr. 23

MUTTER TERESA: Komm, sei mein Licht, München 2007

PAPST FRANZISKUS: Enzyklika LUMEN FIDEI, Bonn 2013

RAGER, Günter (Hg.): Hirnforschung und Menschenbild, Basel 2007

RAHNER, Karl: Maria, Mutter des Herrn, Bd. 9, Freiburg 2004

RAHNER, Karl / VORGRIMMLER, Herbert (Hg.), Kleines Konzilskompendium, Freiburg 1966, 29. Aufl.

RATZINGER, Joseph/BENEDIKT XVI.: Die Botschaft von Fatima. Verlautbarungen des Apostolischen Stuhls 2000, Nr. 147

RATZINGER, Joseph/BENEDIKT XVI.: Enzyklika „Deus caritas est", Freiburg 2006

RATZINGER, Joseph/BENEDIKT XVI.: Enzyklika „Spe Salvi", Freiburg 2008

RATZINGER, Joseph/BENEDIKT XVI: Einführung in das Christentum, 9. Aufl., München 2007

RATZINGER, Joseph/Benedikt XVI.: Gesammelte Schriften, Auferstehung und ewiges Leben, Freiburg 2012

RATZINGER, Joseph/BENEDIKT XVI: Gesammelte Schriften, Bd. 11, Freiburg 2008

RATZINGER, Joseph/BENEDIKT XVI: Gott und die Welt, München 2005

RATZINGER, Joseph/BENEDIKT XVI.: Jesus von Nazareth, Bd. 2, Freiburg 2011

RATZINGER, Joseph/BENEDIKT XVI: Predigt am 13.05.2010 in Fatima, in: Fatima ruft 3/2010 Nr. 210

REHBUS, Wulff D. (Hg.): HWPh, Göttingen 2003

ROTH, Anna: Maria: Ihre Christozentrik im Spiegel der Theologie, Marburg 2008

SALES, Franz von: Jahrbuch für salesianische Studien, Bd. 13, Eichstätt 1976

SALES, Franz von: ebd., Bd. 4, Eichstätt 1966

SALES, Franz von: ebd., Bd. 22, Eichstätt 1989

SCHEEBEN, Matthias Joseph: Handbuch der Katholischen Dogmatik, Bd. 2, Freiburg 1943

SCHEEBEN/FECKES: Die bräutliche Gottesmutter, Essen 1951

SCHEFFCZYK, Leo: Schöpfungslehre, Bd. 3, Aachen 1997

SCHMAUS, Michael: Der Glaube der Kirche, Bd. V/5, 2. Aufl., St. Ottilien 1982

SCHÖNBORN, Christoph: Gott sandte seinen Sohn, Paderborn 2002

SCHULZE, Markus: Ist die Hölle menschenmöglich?, Freiburg 2008

SPEYR, Adrienne von: Die Beichte, 2. Aufl., Einsiedeln 1982

SPEYR, Adrienne von: Magd des Herrn, Einsiedeln 1988

THERESE VON LISIEUX, Selbstbiographie, 10. Aufl., Einsiedeln 1984

THOMAS VON AQUIN: Sentenzen über Gott und die Welt, 3. Aufl., Einsiedeln 2000

THOMAS VON AQUIN: Summa Theologica, Salzburg 1937

Die Bibelzitate wurden vorwiegend der Einheitsübersetzung entnommen.

20. Autorenspiegel

Anna Roth, geb. in Köln.
Die in Königswinter lebende Autorin ist Dipl.-Theologin,
verheiratet, Mutter von fünf Kindern;
außerdem hat sie acht Enkelkinder.

Sie studierte katholische Theologie in Bonn, Vallendar
und Sankt Augustin. Sie schreibt Fachbücher über die
Gottesmutter Maria und sonstige religiöse Themen. Auch
hat sie mehrere Lyrik Bände veröffentlicht, in denen es
im Wesentlichen um religiöse, philosophische Gedanken
sowie auch um eine positive Lebenseinstellung geht.
Außerdem hält sie Vorträge im K-TV Fernsehen. Darüber hinaus lädt sie in ihrem Hause zu diversen Vorträgen
und Autorenlesungen ein, bei denen es sowohl um theo-
logische als auch um philosophische Themen geht. Auch
allgemeine religiöse Fragen stehen auf dem Programm,
das mit Lesungen aus der eigenen Poesie- bzw. Lyrik
Reihe abgerundet wird.
Ferner veröffentlicht sie Publikationen sowohl über die
Gottesmutter Maria als auch über andere religiöse Themen in diversen Zeitschriften.

Kontakt
www.anna-roth.com

21. Diverse Veröffentlichungen:

„Weihnacht"
Gedicht in: Gedicht und Gesellschaft 2010, Brentano-
Gesellschaft Frankfurt, 2009.
„Vier Gedichte"
In: Neue Literatur, Anthologie, August von Goethe Lite-
raturverlag, Frankfurt, 2010
„Vier Gedichte"
In: Ein anderer Ort zum Träumen 2016

22. Auftritte:

Auftritt: K-TV Fernsehen: 2008 – 2010, 2013, 2015
Auftritt: Deutsches Literaturfernsehen: ab 2010 L
Auftritt: Autorenlesung Buchmesse Frankfurt 2011-2013

Auftritt: Autorenlesung Buchmesse Leipzig 2012
Auftritt: Autorenlesung Buchmesse Wien 2012
Auftritt: Autorenlesung Buchmesse Karlsruhe 2013

Eintrag: Deutsches Schriftstellerlexikon 2010/2011
Publikationen in: Kirche heute/ Mariologisches/
Fatima Weltapostolat

Sendereihen im K-TV Fernsehen:
Maria – Immaculata conceptio: 3 Teile
Maria – Assumpta: 3 Teile
Fatima Aktuell: 6 Teile
Fatima und die Barmherzigkeit Gottes: 4 Teile

23. Weitere Veröffentlichungen

**„Maria" – Ihre Christozentrik
im Spiegel der Theologie**
ein mariologisches Grundlagenwerk,
Verlag Tectum, Marburg 2008

„Die Musterfamilie"
ein christlicher Familienroman,
Verlag Books on Demand, Norderstedt 2008

„Rosenduft der Liebe"
Lyrik-Band mit 100 Gedichten,
August von Goethe Literaturverlag, Frankfurt 2010

**„Rosenduft der Liebe",
Band 2: Rosenduftidylle**
Lyrik-Band mit 100 Gedichten,
Wagner Verlag, Gelnhausen 2012

**„FATIMA JETZT"
Wenn nicht jetzt – was dann? Sachbuch**
Wagner Verlag, Gelnhausen 2012

„ROSENDUFT DES LEBENS"
Lyrik-Band mit 70 Gedichten,
tredition Verlag, Hamburg 2013

**„ROSENDUFT DER LIEBE"
exklusiv selektiert**
Lyrik-Band mit 62 Gedichten
tredition Verlag, Hamburg 2014

„I HAVE a DREAM"
Scent of Roses of Life
Lyrik-Band in engl. Sprache, 50 Gedichte
Tredition Verlag, Hamburg 2015

24.   Nachruf
Zum Tode von Kardinal Joachim Meisner

Wir begegneten uns im Advent 2016 an der
Wallfahrtskirche zum hl. Judas Thaddäus in
Königswinter-Heisterbacherrott.
Ich erzählte ihm von meinem neuen Buchprojekt
über Fatima mit dem Titel: Maria & Fatima
im Licht der Barmherzigkeit Gottes.

Kurz vor dem 13. Mai 2017 sagte er bei einem persönlichen Telefonat ich solle mich beeilen, damit das Buch
pünktlich zum 100jährigen Jubiläum von Fatima erscheint. Leider konnte ich diesen Wunsch nicht mehr erfüllen. So war ich sehr traurig, als ich am frühen Morgen
des 05. Juli 2017 von seinem Heimgang zu Gott erfuhr.

Kardinal Meisner wird unserer katholischen Kirche sehr
fehlen. Er war ein großer Marienverehrer, ein konsequen-
ter Rosenkranzbeter und ein Kämpfer für Gottes Wahrheit, ob gelegen oder ungelegen.

Bitten wir Maria, die große Frau, von Gott mit allen
Gnaden und Macht ausgestattet, uns in dieser vom Zeit-
geist durchwirkten Welt, wahre Gottesstreiter zu schenken, die furchtlos in Treue zum Kreuz Christi stehen.

Möge Kardinal Meisner jetzt ganz besonders den mütterlichen Schutz für das Erzbistum Köln, für Deutschland
und die ganze Welt erbitten.

Anna Roth

Printed in Poland
by Amazon Fulfillment
Poland Sp. z o.o., Wrocław